フランス語
スピーキング

アレクサンドル・グラ
フランク・デルバール
一丸禎子

écoutez et parlez

SANSHUSHA

はじめに

　旅先でフランス語が通じたときの喜び!!　経験された方もたくさんいらっしゃるのではないでしょうか？「カフェでコーヒーを注文する」「ブティックで洋服を買う」「お店でおみやげを買う」「タクシーで行き先を説明する」．いろいろな場面で，フランス語を使ってみて，相手から返事が返ってきたとき，そして相手の言っていることが理解できたとき，本当にうれしいですよね．

　本書は，そんな喜びを実感するための「実践的なフランス語」を習得することを目的とした参加型のフランス語教材です．

　本書の会話は，フランス語圏を旅行する際に遭遇するであろうさまざまな場面で構成されています．会話の練習とその応用を通して，自然にフランス語の能力が向上することを目指します．

　会話はどれも短いフレーズで構成されており，日常的にフランス人が使っている表現ばかりですので，生きたフランス語を学ぶことができます．たくさんのイラストを用いて，それぞれの場面をイメージしやすくし，臨場感を出しました．イラストを見ながら何度も繰り返しフレーズを発音して，日常的な感覚を身につけてください．

　もちろんCDはネイティブスピーカーによる吹き込みです．電車や車の中，あるいは寝る前に繰り返しCDを聴いてください．繰り返しCDを聴き，発音してみることで，会話の流れが記憶され，必ずや会話力がつくことでしょう．

　練習はスピーキングが中心ですが，リスニング力もあわせて向上できる仕組みになっています．相手の言っていることが聞けなければ，答えること＝話すことはできません．CDの会話に耳を傾け，何を言っているのかを「聴く」ことからはじめましょう．

　外国語を話したり，聴いたりするとき，それぞれの状況・場面におけるスキーマ＝背景知識を身につけることが必要であると考えられています．背景知識を持っていることは外国語の理解を助けます．旅先での各場面で日常的に用いられるフレーズや表現をまとめて覚え，会話の流れをしっかりと理解できれば，会話力は確実にアップするはずです．

あとは勇気を出すだけ．この本とほんのちょっぴりの勇気があれば，「フランス語で自分の言いたいことを伝えたい」「相手の言っていることを理解したい」，そんなあなたの思いは必ずや実現することでしょう．
　「フランス語が通じる喜び」を存分に感じていただけることを祈っています．
　本書は『ドイツ語スピーキング』（三宅恭子，ミヒャエラ・コッホ共著）のコンセプトをもとに執筆されました．三宅恭子氏、ミヒャエラ・コッホ氏に感謝の意を表します．

著　者

シャドーイングとは？
シャドーイングとは，聴こえてくる音声をほぼ同時に口頭で繰り返す練習法です．シャドーイング（shadowing）とは，影＝ shadow のように音声を追いかけるという意味です．

聴こえてくる音声をそっくりそのまま真似をするよう心がけましょう．そっくりそのまま真似をすることによって，ネイティブの音声のリズムやイントネーション，区切りやポーズの置き方も学習します．だいたい 0.5 秒くらいあとを追う感じで行ってください．

まずは文章を見ながらシャドーイングを行います．言いにくい部分やつっかえてしまう部分は繰り返し練習し，CD と同じスピードで音読できるようにしましょう．次に文章を見ないでシャドーイングを行います．CD の音声を完璧にシャドーイングできるようになるまで何度も繰り返し練習しましょう．

SOMMAIRE

本書の構成と使い方　6
あいさつ表現　10

Chapitre 1　À l'aéroport　空港で ······ 11

1　L'enregistrement　搭乗手続き ······ 12
2　À la police aux frontières　入国審査 ······ 18
3　La réception des bagages　荷物の受け取り／荷物紛失 ······ 24
Grammaire　主語と動詞／主語人称代名詞／形を変える je の不思議／疑問文／
疑問の万能選手 Est-ce que ······ 31

Chapitre 2　À l'hôtel　ホテル ······ 33

1　À l'office du tourisme　観光案内所で（ホテルの予約） ······ 34
2　Réserver son hôtel par téléphone　ホテルの予約（電話で） ······ 40
3　Le check-in à l'hôtel　ホテルにチェックインする ······ 46
4　Le check-out　ホテルのチェックアウト ······ 52
Grammaire　否定文／フランス語の語彙／ne が行方不明？！／構文その2 ······ 58

Chapitre 3　Le train　列車 ······ 61

1　Au guichet de la gare　駅の窓口で ······ 62
2　Dans le train　列車の中で ······ 68
Grammaire　数を数えるための数々のコツ／時間の表現／数字の1は変身する!? ······ 74

Chapitre 4　En ville (1)　街で ······ 77

1　À l'office du tourisme　観光案内所で ······ 78
2　À la poste　郵便局で ······ 84
3　À la banque　銀行で ······ 90
4　À la billeterie de l'opéra　オペラのチケット売り場で ······ 96
5　À la pharmacie　薬局で ······ 102
Grammaire　「駅」は女性，「年」には男性と女性がある…／冠詞と名詞の秘密の関係／
迷ったらとりあえずプレゼントにはラッピングをつけてみる！ ······ 108

Chapitre 5　En ville (2)　街で …… 113

1　Prendre un taxi　タクシーに乗る …… 112
2　Demander son chemin　道を尋ねる …… 118
Grammaire　動詞の体系1 …… 124

Chapitre 6　Au restaurant　レストランで …… 127

1　Commander　注文 …… 128
2　L'addition　支払い …… 134
3　Au café　カフェで …… 140
Grammaire　動詞の体系2 …… 146

Chapitre 7　Achats　買い物 …… 149

1　Dans une boutique　服売り場で …… 150
2　Au rayon des sacs　かばん売り場で …… 156
3　Au supermarché　スーパーマーケットで …… 162
Grammaire　名詞と一緒に使われる表現：形容詞のアレコレ／
目的語になる人称代名詞／中性代名詞 en …… 171

Chapitre 8　Rencontres　人と会う …… 171

1　Une visite　訪問 …… 172
2　Parler de soi　自分について話す …… 178
Grammaire　人でもなく物でもないこの il は，いったいなんなの?!／
最後の締めくくりにいかにもフランス語らしい代名動詞のお話を …… 184

付録
tu か vous か，それが問題だ …… 187
数字が百倍面白くなる表 …… 190
お金を数える …… 193
動詞完全制覇のためのアイテム …… 194

本書の構成と使い方

　本書は8つの章に分かれています．フランスを旅行するときに遭遇するさまざまな場面をテーマにして構成されており，各章はさらに2～5の場面に分かれています．

　各場面の会話は使用頻度の高いフレーズや文で構成してあります．全場面の会話はイラスト表示されており，イラストを見て，情景をイメージさせたうえで学習できるよう工夫しました．一場面は6ページの見開き構成で，Étape 1，Étape 2，訳＆情報コーナーの3つの部分から成っています．

　Étape 1 にはイラストと全対話が記載されています．まずテキストを見ながら会話の流れを理解します．CDを繰り返し聴いて，シャドーイングを行うことにより，スピーキングの練習もできるようになっています．特に重要なフレーズや文は「キーセンテンス」のコーナーを見ながら重点的に学習できるようにしました．内容の確認がしたい場合は，各場面の5ページ目にある日本語訳を見てください．

　Étape 2 はÉtape 1とまったく同じ場面・会話・イラストですが，主人公あるいはその友人たちの台詞が空欄になっています．CDの方も主人公や友人たちの台詞はポーズになっているので，役になりきって，実際の旅の場面をイメージしながらスピーキングの練習をしてみましょう．車や電車の中でもCDを聴いて，繰り返し練習をしてください．

　テキストで使用した表現以外にも各場面で使用されることが多いフレーズや文については「応用表現」のコーナーにまとめてあります．CDのポーズの部分を応用表現のフレーズを用いたり，自分の表現で言ってみれば，さらにスピーキング力の強化につながります．

　5ページ目にはÉtape 1の訳を掲載しています．確認用に利用してください．

また，各場面の背景知識として役立つ情報がInformation（知ってお得なフランス情報）にまとめてあります．フランスの文化や習慣に関する豆知識は，背景知識として会話の理解につながります．

　テキスト以外の単語で，各場面に必要な単語は「ボキャブラリー」としてまとめてあります．語彙力を広げて，その語彙を用いてÉtape 2の応用練習をしてもいいでしょう．

　各章の終わりには，その章で学習した文法事項がGrammaireとしてわかりやすくまとめてあります．丸暗記も時には大切ですが，必要に応じて各場面で使われている文法を再確認すると，会話の流れの理解が深まり，よりスムーズにスピーキングができるようになります．

　特に重要であると思われる単語をImagier（イラスト辞書）としてイラスト表示しました．文字によってのみ単語を学習するよりも絵と文字の両方で単語を学習したほうが記憶成績はよくなるという研究結果があります．イラストを楽しみながら，語彙力の強化に役立ててください．

　CDにはネイティブスピーカーが吹き込みを行いました．発音やイントネーションをできるだけ忠実に再現できるようになるまで練習をしてください．

使い方例

Étape 1

イメージする
Étape 1のイラストを眺め，どんな場面なのか想像してみましょう．このとき，テキストは読まないでください．

理解する
各場面の説明を読み，会話の流れを理解しましょう．訳はÈtape 2の後に掲載してありますが，なるべく見ないでチャレンジしてみましょう．

CDを聴く
まずはテキストを見ないでCDを聴きます．

キーセンテンス
キーセンテンスを見ながら，重要表現を学習します．

印をつける
次にテキストを見ながらCDを聴き，キーセンテンスで学習したフレーズに印をつけます．

発音する
CDを手本に繰り返し発音しましょう．上手に発音できるようになったらシャドーイングをします．CDの音声を完璧にシャドーイングできるようになるまで、何度も繰り返し練習しましょう．

さらに発音する
今度はテキストなしで発音してみましょう．

Étape 2

空欄を埋める

CDを聴きながら，空欄になっている箇所（ナオコや友人たちの台詞）を書き込んでみましょう．

暗記する

ナオコや友人たちの台詞を暗記しましょう．

役割練習

ナオコや友人たちになったつもりで，CDを聴きながら発話してみましょう．テキストで空欄の箇所はCDでもポーズになっています．

応用表現

応用表現を覚えて，表現の幅を広げましょう．

応用練習

CDを聴きながら，空欄の箇所を応用表現やボキャブラリーと入れ替えて練習しましょう．それに慣れたら，今度は自分のオリジナルの文章を作ってスピーキングしてみましょう．

あいさつ表現　Piste 1

出会ったときには

　　Bonjour !　　おはよう！　こんにちは！

朝から日の出ているあいだはずっと Bonjour！ 外で人に会う時だけでなく，家に帰ってきた時も Bonjour！ エレベーターで誰かと乗り合わせたときも Bonjour！つまり，人に出くわしたときにはつねに Bonjour！

　　Bonsoir !　　こんばんは！

夕方からは Bonsoir！に切り替わります（夏は緯度が高い分，9時でもまだ昼間のように明るいので，奇妙ではありますが…）.

別れるときには

　　Au revoir !　　さようなら.
どこでも，誰とでも使えます.
　　À bientôt !　　また近いうちに.
　　Bonne nuit !　　おやすみなさい.

オールマイティの Salut！はお友達どうしで会ったときにも別れるときにも使えます.

「ご機嫌いかが？」を丁寧に言うと

　　Comment allez-vous ? — Je vais bien, merci. Et vous ?
せっかくですから，「あなたはいかが？」と Et vous？をお忘れなく.

もっと気軽に

　　Ça va ? — Ça va. Et toi ?

「おっと失礼，ごめんなさい」は　Pardon !
ちょっと大きな身振りで　Oh, pardon !
「失礼，お尋ねします」は　Pardon !　あるいは　Excusez-moi !

「ありがとう」は　Merci ! Merci beaucoup !
「どういたしまして」は　Je vous en prie !

Chapitre 1

Pistes 2 à 10

À l'aéroport　空港で

1. L'enregistrement　搭乗手続き
2. À la police aux frontières　入国審査
3. La réception des bagages
　　荷物の受け取り / 荷物紛失

1 L'enregistrement ······ 搭乗手続き

Piste 2

Étape 1 搭乗手続きのシーンです．まずは CD を聴いてみましょう．

Naoko se présente au comptoir.

Naoko donne sa carte d'adhérent.

Naoko fait enregistrer sa valise.

Naoko a un bagage à main.

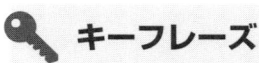

キーフレーズ

- Puis-je avoir votre passeport et votre billet, s'il vous plaît ?
  パスポートと航空券を拝見できますか？
◇ Voici ma carte.
  これは私のマイレージカードです．
- Avez-vous des bagages à enregistrer ?
  お預けになるお荷物はございますか？
◇ Pouvez-vous enregistrer les Miles ?
  マイレージをつけていただけますか？

Naoko choisit sa place.

Naoko demande l'horaire d'embarquement.

Naoko demande le numéro de la porte d'embarquement.

Naoko s'en va.

- Quelle place préférez-vous ? Côté hublot ou côté couloir ?
  窓側がよろしいですか？それとも通路側がよろしいですか？
- À quelle heure débute l'embarquement ?
  搭乗は何時からですか？
- À ... heure[s] ... .
  〜時〜分に.
- Quel est le numéro de la porte ?
  搭乗ゲートは何番ですか？
- Merci.
  ありがとう.
- Bon voyage !
  よい旅を！

1 L'enregistrement

Piste 3

Étape 2 今度はナオコになって，搭乗手続きをしてみましょう．

Naoko se présente au comptoir.

Naoko donne sa carte d'adhérent.

Naoko fait enregistrer sa valise.

Naoko a un bagage à main.

搭乗手続きで役立つ表現を覚えましょう．

応用表現

Piste 4

- Votre valise est trop lourde.
  Vous ne devez pas dépasser 20 kg.
  荷物は重量超過です．制限重量は 20 キロです．

- Qu'est-ce qui se passe ?
  どうしましたか？

◇ Le retard sera de combien de temps ?
この飛行機はどのくらい遅れるのですか？

- L'avion aura ... minutes de retard.
  飛行機は〜分遅れになります．

◇ Y a-t-il quelqu'un qui parle japonais ?
日本語ができる方はいらっしゃいますか？

Chapitre 1 — Piste 2

À l'aéroport 空港で

Naoko choisit sa place.

Naoko demande l'horaire d'embarquement.

Naoko demande le numéro de la porte d'embarquement.

Naoko s'en va.

◇ À quelle heure part le prochain vol ?
次の便は何時に出発しますか？

◇ J'ai raté ma correspondance.
Je voudrais prendre un autre vol.
乗り遅れてしまいました．他の便に変更していただきたいのですが…

◇ Quelle est la porte d'embarquement du vol *Air France* pour *Nice* ?
エールフランス航空ニース行きの便の搭乗ゲートはどこですか？

1 搭乗手続き

イラスト1 ナオコはチェックインカウンターに行きます．
空港グランドスタッフ：こんにちは．
パスポートと航空券をお願いいたします．
ナオコ　　　　　　　：はい，どうぞ．

イラスト2 ナオコはマイレージカードを見せます．
ナオコ　　　　　　　：これが私のマイレージカードです．
マイレージをつけてください．
空港グランドスタッフ：かしこまりました．

イラスト3 ナオコはトランクを預けます．
空港グランドスタッフ：お預けになるお荷物はございますか？
ナオコ　　　　　　　：はい，スーツケースが一つあります．
空港グランドスタッフ：スーツケースをベルトコンベアーに載せてください．

イラスト4 ナオコは手荷物を持っています．
空港グランドスタッフ：手荷物はございますか？
ナオコ　　　　　　　：はい，リュックサックがあります．
空港グランドスタッフ：10キロを超えていないですね？

イラスト5 ナオコは座席を選びます．
空港グランドスタッフ：お座席は通路側と窓側のどちらがよろしいですか？
ナオコ　　　　　　　：窓側をお願いします．

イラスト6 ナオコは搭乗時間を尋ねます．
ナオコ　　　　　　　：搭乗開始時間は何時ですか？
空港グランドスタッフ：12時50分です．

イラスト7 ナオコは搭乗ゲートを尋ねます．
ナオコ　　　　　　　：何番ゲートから飛行機は出発しますか？
空港グランドスタッフ：F44番ゲートです．

イラスト8 ナオコは搭乗券を受け取ります．
空港グランドスタッフ：こちらが搭乗券になります．
手荷物検査へはこちらからどうぞ．
ナオコ　　　　　　　：ありがとう．
空港グランドスタッフ：よい旅を．

Information

知ってお得なフランス情報

　日本とフランスの行き来にはパリの北東にあるシャルル・ド・ゴール空港（略称CDG），通称ロワシー（Roissy）を利用します．ここにはターミナル（Aérogare）が3つあります．全日空は第1（Aérogare 1），日本航空やエール・フランスは第2（Aérogare 2）と航空会社によって異なります．あらかじめ確認しておくとあわてません．

　ところで，シャルル・ド・ゴール空港といえば，滑走路のウサギが名物ですが，長年ロビーで暮らしていた人も有名です．映画『パリ空港の人々』や『ターミナル』のモデルになった人物で，1988年から2006年まで第1ターミナルで生活していました．

　『パリ空港の人々』は，カナダの空港で居眠りしている間に鞄も靴も盗まれた主人公アルチュロが，国籍があるにもかかわらずフランスへの入国を拒否されるところから始まります．悪いことに年末で大使館は閉まっている．なすすべもなく，話しかけてきたギニア人の少年ゾラについていくと，そこには入国も出国もできずトランジット・ゾーンに暮らす人々がいます．無国籍のラテン系美女，自称元軍人作家，誰にもわからない言葉を話す黒人……　彼らは滑走路のウサギを捕まえてはレストランに売り，観葉植物の鉢で野菜を育て，たくましく生きているのですが…．この映画は実際に第一ターミナルで撮影されました．出発前に観ておくと空港の建物や入国審査の様子がよくわかります．それになんとなく主人公になった気分も味わえます．

À l'aéroport 空港で

ボキャブラリー

un avion　飛行機
un bagage à main　手荷物
un billet électronique　電子航空券
une carte d'embarquement　搭乗券
enregistrer　チェックインする，記録する
une heure　一時，時間

un passeport　旅券，パスポート
une place　座席
une porte d'embarquement　搭乗ゲート
une valise　スーツケース

2　À la police aux frontières …… 入国審査　Piste 5

Étape 1　入国審査のシーンです．まずは CD を聴いてみましょう．

Naoko attend au contrôle de l'immigration.

Naoko donne ses papiers au policier.

Le policier lui demande d'où elle vient.

Le policier lui demande la durée de son séjour.

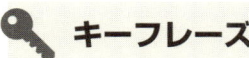　キーフレーズ

- Vous venez d'où ?
  どちら（の国）からいらっしゃいましたか？
- ◇ De... , au *Japon*.
  日本の〜から来ました．
- Vous restez combien de temps en France ?
  フランスには何日滞在されるご予定ですか？
- Personne suivante, s'il vous plaît.
  次の方．どうぞ．
- Vous voyagez seul[e] ?
  一人で旅行していますか？

Le policier lui demande si elle voyage seule.

Le policier lui demande la raison de son séjour.

Le policier lui demande son lieu de séjour.

Naoko reprend son passeport.

- Quel est le but de votre visite ?
  滞在の目的は何ですか？
- ◇ Je viens pour *faire du tourisme / les affaires*.
  観光／商用です．
- Où allez-vous séjourner ?
  どこに泊まりますか？
- ◇ À l'hôtel...
  ～ホテルです．
- Merci beaucoup.
  どうもありがとうございました．

2 À la police aux frontières Piste 6

Étape 2 今度はナオコになって，入国審査を受けてみましょう．

Naoko attend au contrôle de l'immigration.

Naoko donne ses papiers au policier.

Le policier lui demande d'où elle vient.

Le policier lui demande la durée de son séjour.

入国審査の際に役立つ表現を覚えましょう．
応用表現
Piste 7

- Vous avez quelque chose à déclarer ?
  申告するものはありますか？
- ◇ Non, je n'ai rien à déclarer.
  申告するものはありません．
- Vous pouvez ouvrir votre sac ?
  バッグを開けてください．
- Qu'est-ce que c'est ?
  これは何ですか？
- ◇ Ce sont *des affaires personnelles / des cadeaux pour des amis*.
  これは自分用の荷物／友だちへのプレゼントです．

Chapitre 2 — 1 — Piste 6

À l'aéroport 空港で

Le policier lui demande si elle voyage seule.

Le policier lui demande la raison de son séjour.

Le policier lui demande son lieu de séjour.

Naoko reprend son passeport.

- Combien d'argent liquide avez-vous sur vous ?
  所持金はいくらありますか？

◇ J'ai environ 60.000 yens.
　6万円くらいです．

◇ Je ne parle pas bien français.
　私はフランス語があまりしゃべれません．

◇ Je ne comprends pas bien le français.
　私はフランス語がよくわかりません．

2 入国審査

(イラスト1)　ナオコは入国審査を待っています．
　　　　　　入国審査官：次の方，どうぞ．

(イラスト2)　ナオコは入国審査官に書類を見せます．
　　　　　　ナオコ　　　：パスポートと入国カードです．
　　　　　　入国審査官：ありがとうございます．

(イラスト3)　審査官はどこから来たのかを尋ねます．
　　　　　　入国審査官：どちらからいらっしゃいましたか？
　　　　　　ナオコ　　　：日本の京都からです．

(イラスト4)　審査官は滞在日数について尋ねます．
　　　　　　入国審査官：フランスにはどれだけ滞在されるご予定ですか？
　　　　　　ナオコ　　　：6日間です．

(イラスト5)　審査官は滞在のタイプについて尋ねます．
　　　　　　入国審査官：個人旅行ですか？
　　　　　　ナオコ　　　：友達と旅行しています．

(イラスト6)　審査官は滞在の目的について尋ねます．
　　　　　　入国審査官：滞在の目的は何ですか？
　　　　　　ナオコ　　　：観光旅行で来ました．

(イラスト7)　審査官はフランスでの滞在先について尋ねます．
　　　　　　入国審査官：どちらに滞在されるご予定ですか？
　　　　　　ナオコ　　　：パリのオペラ・ホテルです．

(イラスト8)　ナオコはパスポートを受け取ります．
　　　　　　入国審査官：OKです．パスポートをお返しします．よい滞在を！
　　　　　　ナオコ　　　：ありがとう．

知ってお得なフランス情報

入国カードが廃止されたので，入国審査はパスポート（滞在日数＋3か月の有効期限が必要）を見せるだけでよくなりました．ところで入国審査の際にパスポートに押されるスタンプですが，ヨーロッパでは自由な通行を保証するため，滞在規定と出入国管理に関して協定を結んでいる国々があります（シェンゲン協定）．おおむねEU圏と重なりますが，これらの参加国の域内へ入る場合，最初の到着地で入国審査，最後の出発地で出国審査を行います．

フランスはこの協定に参加しており，日本から行った場合には，本来スタンプを押してもらわなければなりません．このスタンプがないと，いつ，どこで協定域内に入ったかが証明できませんので，不法入国，違法滞在を疑われることにもなりかねないのです．フランスだけに滞在する場合は，成田の出国スタンプと航空券を示すことでなんとか説明できますが，他の国を周遊するような場合には気をつけましょう．

スタンプを押してもらう場合には，Est-ce que vous avez mis le tampon, s'il vous plaît ?（スタンプは押していただけましたか？）と訊いてみましょう．もし理由をたずねられたら，J'ai besoin de ma date d'entrée.（入国の日付が必要なのです）と言えば，押してもらえます．スタンプをもらったら，にっこりMerci．そのあとにMadameかMonsieurを忘れずに．

À l'aéroport 空港で

ボキャブラリー

une carte de désembarquement　入国カード	*l'*immigration　入国審査
un contrôle de passeport　入国審査	*une* inspection sanitaire　検疫
= la police aux frontières　入国審査	*un* non-résident　非居住者
un contrôle de sécurité　セキュリティーチェック	*un* passeport UE　ＥＵ旅券持主専用
une destination　目的地	*un* autre passeport　ＥＵ旅券非持主専用
la douane　税関	*un* voyage en groupe　団体旅行

3　La réception des bagages …… 荷物の受け取り / 荷物紛失　**Piste 8**

Étape 1　ナオコは荷物を受け取ろうとしています．まずは CD を聴いてみましょう．

Naoko cherche où se fait la réception des bagages.

Naoko ne trouve pas sa valise.

Naoko arrive au comptoir des bagages perdus.

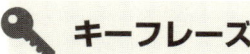 キーフレーズ

- Allez au comptoir pour les bagages perdus !
  ロストバゲージの窓口へ行ってください．

◇ À qui dois-je m'adresser ?
　どこに問い合わせたらいいでしょうか？

● Que puis-je pour vous ?
　何かご用ですか？

◇ Je ne trouve pas ma valise.
　私のスーツケースが見つからないのですが…．

◇ J'ai perdu ma valise.
　スーツケースがなくなりました．

L'employée demande à Naoko de lui montrer son tag bagage.

L'employée demande à Naoko de lui décrire sa valise.

L'employée lui demande de remplir une déclaration de perte de bagages.

L'employée lui donne des explications complémentaires.

- Montrez-moi votre tag bagage !
  荷物の引換証をお見せください.
- À quoi ressemble votre valise ?
  どのような荷物ですか？
- Veuillez remplir ce formulaire.
  この書類にご記入ください.

3 La réception des bagages

Piste 9

Étape 2 今度はナオコになって，荷物引渡所で紛失届を出してみましょう．

Quel est le numéro de votre vol ?

Naoko cherche où se fait la réception des bagages.

C'est là-bas.

Allez au comptoir pour les bagages perdus !

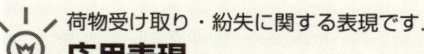

Naoko ne trouve pas sa valise.

Que puis-je pour vous ?

Naoko arrive au comptoir des bagages perdus.

荷物受け取り・紛失に関する表現です．

応用表現

Piste 10

◇ Où sont les chariots à bagages ?
カートはどこにありますか？

◇ Ma valise est cassée.
私のスーツケースが壊れています．

◇ Pouvez-vous vérifier, s'il vous plaît ?
調べてください／確認してください．

◇ Y a-t-il quelqu'un qui parle japonais ?
日本語ができる人がいますか？

L'employée demande à Naoko de lui montrer son tag bagage.

L'employée demande à Naoko de lui décrire sa valise.

L'employée lui demande de remplir une déclaration de perte de bagages.

L'employée lui donne des explications complémentaires.

3 荷物の受け取り / 荷物紛失

- イラスト1　ナオコは荷物引渡所を探しています．
  - ナオコ　　　　　　：すみません．荷物はどこで受け取ることができますか？
  - 空港係員　　　　　：便名を教えてください．
  - ナオコ　　　　　　：JL5012 です．

- イラスト2　ナオコは荷物引渡所を探しています．
  - 空港係員　　　　　：あちらです．
  - ナオコ　　　　　　：ありがとう．

- イラスト3　ナオコはスーツケースを見つけることができません．
  - ナオコ　　　　　　：私のスーツケースがありませんでした．
    どこに問い合わせたらいいでしょうか？
  - 空港係員　　　　　：荷物引渡所のカウンターへ行ってください．

- イラスト4　ナオコは手荷引渡所のカウンターに着きます．
  - 荷物引渡所係員　　：何か御用ですか？
  - ナオコ　　　　　　：スーツケースがなくなりました．

- イラスト5　係員は手荷引渡証（クレームタグ）を見せるように言います．
  - 荷物引渡所係員　　：荷物引換証を見せてください．電子航空券に貼ってあると思いますが…．
  - ナオコ　　　　　　：どうぞ．

- イラスト6　ナオコは自分のスーツケースの形状について説明します．
  - 荷物引渡所係員　　：どのようなスーツケースですか？
  - ナオコ　　　　　　：キャスター付きの灰色のスーツケースです．

- イラスト7　荷物紛失届けに記入するよう言われます．
  - 荷物引渡所係員　　：この書類にご記入ください．
  - ナオコ　　　　　　：ボールペンはありますか？
  - 荷物引渡所係員　　：どうぞ（これをお使いください）．

- イラスト8　荷物引換係員は説明を続けます．
  - 荷物引渡所係員　　：スーツケースを見つけ次第，お泊りのホテルにお届けします．
  - ナオコ　　　　　　：ありがとうございました．

Information

知ってお得なフランス情報

「スーツケースが出てこない !?」なんてことになったら，さあ大変．自分の家から遠く離れて荷物を失くすなんて…．考えただけでも恐ろしい！　でも，飛行機にはロストバゲージがつきもの．悪名高いロンドンのヒースロー空港ほどではないにしても，シャルル・ド・ゴールだって，例外ではありません．もし，そんな事態になったとしても，大丈夫．旅を台無しにしない秘訣を伝授します．ノートのご用意を．

荷物が見つからなくて本当に困るのは，ロストバゲージの手続きを終えたあと．お財布とクレジットカードだけではどうにもなりません．そこで荷づくりの段階から，リスクを織り込んで機内持ち込み手荷物を準備します．たとえば，必要な書類やメモ，現地での連絡先や常備薬はかならず手荷物に．女性の場合は普段使っている基礎化粧品なども，機内への液体持ち込み制限の範囲内で用意しておくと安心です．なんとか1～2日は大丈夫．この気持の余裕が旅を台無しにしないコツなんです．ところで，荷物が出てくるまでに買って間に合わせた着替え類，日用品（歯磨き粉やひげそり）などの領収書は，とりあえず何でも取っておきましょう．かなりの部分を航空会社や保険会社がカバーしてくれます．

À l'aéroport 空港で

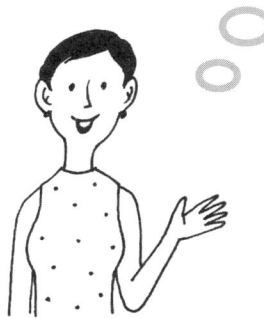

ボキャブラリー

un bagage　スーツケース
les bagages perdus　紛失した荷物
un comptoir　カウンター
envoyer　送る
un formulaire　書類．届け

récupérer　受け取る
un tag bagage　手荷物引換証（クレームタグ）
une valise à roulettes　キャスター付きのスーツケース
un vol　便

Grammaire

　ここではフランス語の「基本的な文の構造」を中心に見ていきましょう．細かな規則よりも，フランス語の仕組みをさっくりと全体的に理解します．どんな順番で言葉を組み合わせていくのか，どんなふうに否定や疑問が表現されるのか，フランス語の本質をのぞいてみましょう．ツボさえわかってしまえば，大丈夫．いろいろ忘れたって，何とかなるものです．それではまず，ひとつの文の組み立て方を見てみましょう．意外にすっきりしています．

構文　その1

●主語と動詞 / 主語人称代名詞
　基本構文はS + V（主語と動詞）．英語と似ていますね．というかまったく同じ．ただし，ここまで．じつは主語になる人称代名詞の使い方が，英語とはちょっと異なります．三人称にご注目を．

《一人称・二人称》

英語　　フランス語
- I　= je　　（文の先頭に来るとき以外，大文字にはならない．なんと奥ゆかしい!?）
- we　= nous
- you　= tu　　（相手が一人のとき）
- 　　　vous　（相手が複数のとき．ただし，本文の例のように，相手が一人の場合でも使われます．その場合は，丁寧さや距離感を表します．付録に説明があります．）

《三人称》
- he　= il
- she　= elle
- they　= ils, elles

　これらの三人称は，「物」を指し示すときにも使われます．フランス語の名詞には男性と女性の区別がありますから，「物」の場合でも「人」の場合でもこれらの三人称は性別によって使い分けることになります．

　では，ここで本文の例を見てみましょう．

　J'ai une valise.　（私は）スーツケースがひとつあります．(piste 2)

という表現では，冒頭の **J'ai** の部分が基本構文のS + Vにあたります．

●形を変える je の不思議
　アレ？　この主語と動詞はまるで一単語のようにくっついてますね!?　はい，そうなんです．一人称のjeは，後ろに母音字がくると，語末のeが隠れてしまい，次の単語とくっついてしまいます．ここでは次にくる動詞 ai（辞書の見出しになっている形，つまり不定法では avoir（持つ））とくっついてしまい，Je + ai → J'ai という形になっています．

ところで，このような現象は，他の単語，たとえば定冠詞の le, la，否定表現の ne, 接続詞の que などでも起こります．このように単語の最後の母音字が省かれて，「'」（アポストロフ）に置き換えられ，次の単語とつながる現象をエリジオンと呼びます．

●疑問文

英語のように**主語と述語**の順番を入れ替えると，疑問文がつくれます．

Avez-vous des bagages à enregistrer ?
（あなたは）お預けになるお荷物はありますか？（piste 2）

の Avez-vous は動詞 avez と主語 vous が倒置されています．

とはいえ，いちいちひっくり返すのは面倒くさい．そこで，イントネーションだけ尻あがりにして疑問文とすることもできます．日本語でもそうですね．

Vous avez des bagages à enregistrer ?（↗）

しかし，フランス語には，もっと便利な道具があるんです．

疑問の万能選手 Est-ce que

フランス語では文の先頭に **Est-ce que** をつけるだけで，疑問文にすることができます．たとえば上記の例文は，

Est-ce que vous avez des bagages à enregistrer ?

会話の中で何か質問をしたいとき，「Est-ce que... Est-ce que...」と繰り返すと，相手は「あ，この人は何か質問しようとしているな」と理解して，あなたの次の言葉を待ってくれます．ぜひ使ってみてください．

それから主語が一人称の代名詞 je のとき，多くの場合は Est-ce que で始めます．

Est-ce que j'ai une valise ?
えっと，私はスーツケースを持っていたっけ？

自問自答のようですが，場面によって，ニュアンスが変わります．

本文のように，Puis-je avoir votre passeport... ? と倒置形を使う表現は例外的ですが，そこには別の意味が託されています．倒置することで，より丁寧な表現になっているのです．語順をひっくり返すというのは，考えてみれば面倒なものです．じつはあえてそれをすることにより，「ひと手間」かけて，相手に礼をつくしていることを表現しているとご理解ください．

Imagier

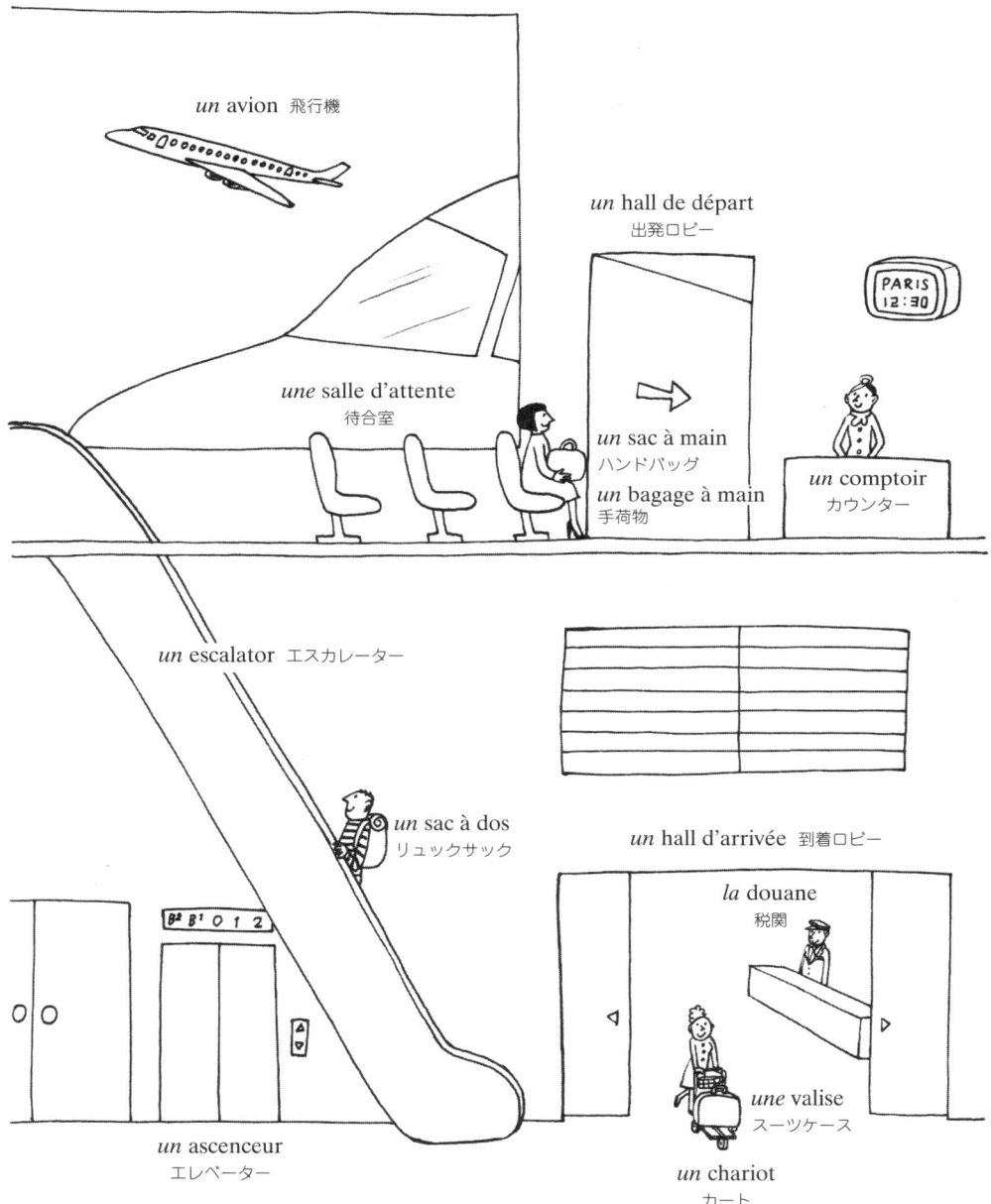

Chapitre 2

Pistes 11 à 22

À l'hôtel　ホテル

- **1** À l'office du tourisme
  観光案内所で（ホテルの予約）
- **2** Réserver son hôtel par téléphone
  ホテルの予約（電話で）
- **3** Le check-in à l'hôtel
  ホテルにチェックインする
- **4** Le check-out
  ホテルのチェックアウト

1 À l'office du tourisme …… 観光案内所で　Piste 11

Étape 1　観光案内所でホテルを予約するシーンです．まずは CD を聴いてみましょう．

Bonjour monsieur. On peut réserver une chambre d'hôtel ici, pour trois nuits ?

Oui, bien sûr. Avez-vous des préférences ?

Naoko entre dans l'office du tourisme.

Je cherche un hôtel à moins de 70 euros la nuit, dans Paris.

D'accord. Un instant, s'il vous plaît.

Naoko donne des précisions.

Alors, il y a des chambres de libres à l'hôtel du Lion.

L'employé lui propose un hôtel.

Quel est le prix de la chambre à un lit ?

C'est 60 euros et 8 euros pour le petit déjeuner.

Naoko demande le prix à la nuit.

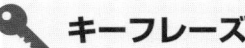 キーフレーズ

◇ On peut réserver une chambre d'hôtel ici ?
こちらでホテルの部屋が予約できますか？

◇ Je cherche un hôtel pour ... nuits.
〜泊したいのですが….

● Avez-vous des préférences ?
ご希望はありますか？

◇ Je cherche un hôtel à moins de *70* euros la nuit, dans *Paris*.
パリ市内で一泊 70 ユーロ以下のホテルを探しています．

◇ Quel est le prix de la chambre à un lit ?
一泊いくらですか？

◇ Je préférerais dans le centre-ville.
中心部のホテルがいいです．

Chapitre 2 — 1 — Piste 11

À l'hôtel ホテル

— C'est avec douche ou avec baignoire ?
— Avec douche, madame.

Naoko demande si la chambre est avec douche ou avec baignoire.

— Je voudrais une chambre avec baignoire. Vous avez un autre hôtel ?
— Il y a l'hôtel Opéra, avec baignoire, pour 90 euros.

L'employé propose une autre chambre.

— C'est bien trop cher pour moi. Je vais faire une réservation à l'hôtel du Lion.

Naoko se décide pour la chambre la moins chère.

— Bien, voici les coordonnées de l'hôtel. Pour faire une réservation, vous devez le contacter vous-même.
— Merci pour votre aide, monsieur.

Naoko reçoit l'adresse et le numéro de téléphone de l'hôtel.

◇ C'est une chambre avec douche ou avec baignoire ?
　それはバスつきですか，それともシャワーだけですか？

◇ Auriez-vous un autre hôtel ?
　別のホテルもありますか？

◇ C'est bien trop cher pour moi.
　私にはちょっと高すぎます．

◇ Je vais faire une réservation à l'*hôtel du Lion*.
　では，ライオン・ホテルを予約します．

● Voici les coordonnées de l'hôtel.
　住所と電話番号をお渡しします．

● Vous devez le contacter vous-même.
　ご自分でホテルにお電話してください．

◇ Merci pour votre aide, monsieur.
　お手伝いいただき，ありがとうございます．

1 À l'office du tourisme

Piste 12

Étape 2 今度はナオコになってホテルを予約してみましょう．

> Oui, bien sûr. Avez-vous des préférences ?

Naoko entre dans l'office du tourisme.

> D'accord. Un instant, s'il vous plaît.

Naoko donne des précisions.

> Alors, il y a des chambres de libres à l'hôtel du Lion.

L'employé lui propose un hôtel.

> C'est 60 euros et 8 euros pour le petit déjeuner.

Naoko demande le prix à la nuit.

ホテルの予約の際に役立つ表現を覚えましょう．

応用表現

Piste 13

◇ Je voudrais réserver une chambre pour *deux* / *trois* / *quatre* nuits.
シングルルームを2／3／4泊予約したいんですが…．

le moins cher possible.　≠　haut de gamme
できる限り安い（ホテル）　　　ハイクラスの（ホテル）

◇ Il y a une réduction pour les longs séjours ?
長期滞在の割引はありますか？

◇ Le petit déjeuner est compris ?
朝食つきですか？

● Préférez-vous un hôtel dans le centre-ville ou en périphérie ?
中心部にあるホテルか郊外のホテルか，どちらかがよろしいでしょうか？

Chapitre 2 — **1** — Piste 12

Avec douche, madame.

Il y a l'hôtel Opéra, avec baignoire, pour 90 euros.

Naoko demande si la chambre est avec douche ou avec baignoire.

L'employé propose une autre chambre.

Bien, voici les coordonnées de l'hôtel. Pour faire une réservation, vous devez le contacter vous-même.

Naoko se décide pour la chambre la moins chère.

Naoko reçoit l'adresse et le numéro de téléphone de l'hôtel.

À l'hôtel ホテル

◇ Pourriez-vous téléphoner pour moi ?
(私の代わりに)電話していただけませんか？

◇ Y a-t-il *un parking* / *une piscine* / *un court de tennis* / *un restaurant* ?
駐車場 / プール / テニスコート / レストランはありますか？

◇ Je voudrais rester trois nuits.
3泊したいのですが...

◇ Il y a *un hôtel moins cher* / *une auberge de jeunesse* en ville ?
この町にもっと安いホテル / ユースホステルはありますか？

● C'est complet.
満室です.

1 観光案内所で （ホテルの予約）

(イラスト1)　ナオコは観光案内所に入ります．
　　　　　　ナオコ：ここでシングルルームを三泊予約できますか？
　　　　　　係員　：はい，できます．ご希望はありますか？

(イラスト2)　ナオコはどんなホテルに泊まりたいか言います．
　　　　　　ナオコ：パリ市内で一泊70ユーロ以下のホテルを探しています．
　　　　　　係員　：わかりました．少々お待ちください．

(イラスト3)　係員は一つのホテルをすすめます．
　　　　　　係員　：ライオン・ホテルなら空いている部屋がありますが…

(イラスト4)　ナオコはいくらかかるかをたずねます．
　　　　　　ナオコ：シングルはいくらですか？
　　　　　　係員　：一泊60ユーロで，朝食は8ユーロです．

(イラスト5)　ナオコはその部屋がシャワーつきかバスつきかをたずねます．
　　　　　　ナオコ：その部屋はシャワーつきですか？それとバスもつきですか？
　　　　　　係員　：シャワーのみです．

(イラスト6)　係員は他の部屋を紹介します．
　　　　　　ナオコ：バスつきのものがいいのですが，別のホテルはありませんか？
　　　　　　係員　：はい，オペラ・ホテルなら90ユーロでバスつきの部屋があり
　　　　　　　　　　ますが．

(イラスト7)　ナオコは安い方の部屋にします．
　　　　　　ナオコ：それは私には高すぎます．じゃ，ライオン・ホテルにします．

(イラスト8)　ナオコはホテルの住所と電話番号を受け取ります．
　　　　　　係員　：住所と電話番号を書きますから，ご自身で電話してください．
　　　　　　ナオコ：お手伝いをいただき，ありがとうございました．

Information

知ってお得なフランス情報

　公式の観光案内所 (Office du tourisme) はどの町にもあり，ホテルの宿泊予約だけでなく，「ご当地」でなければ手に入らない現地の詳細な地図，観光名所のパンフレットなどがたくさんあります．のぞいてみるだけでも価値があります．パリ市内にはこうした案内所が7か所もあります（ピラミッド通り，オペラ・ガルニエ，リヨン駅，ルーヴル美術館，北駅，モンマルトル，エッフェル塔です）．

　また出発前にインターネットのサイトを利用するのも便利です．パリの場合には，パリ観光局の公式サイトが日本語でも見られます．

http://www.parisinfo.com/ （フランス語）
http://ja.parisinfo.com/ （日本語）

　ところで，最近のパリの物価高は止まるところを知らず，二つ星ホテル朝食付きで€80前後！　三ツ星では確実に€100を超えます．インターネットでの予約割引や時期による「お値引き」を利用したり，パリ市内からちょっと出るとお手ごろ価格になります．

　短期滞在の場合にはホテルでなくアパルトマンを借りる手も．お掃除代など別途料金を支払うと，一泊の値段は三ツ星とほぼ同じくらい．でも市場で買ってきた新鮮な食材を小さなキッチンで自分で料理したりと，「パリ暮らし」気分を満喫できます．ただし，提供されるサービスの内容が場所によって異なります．予約の前に，タオルやシーツの交換，電話やインターネットの使用料など詳細な料金体系の確認をお忘れなく．

À l'hôtel ホテル

ボキャブラリー

une auberge de jeunesse　ユースホステル
avec baignoire　バスつき
avec douche　シャワーつき
une chambre (de) libre　空室
complet　満室
un hôtel 3 étoiles　三つ星ホテル

une chambre avec un lit double　ダブルルーム
une chambre à deux lits　ツインルーム
une chambre pour une personne　シングルルーム

2 Réserver son hôtel par téléphone …… ホテルの予約（電話で） **Piste 14**

Étape 1 電話でホテルを予約するシーンです．まずは CD を聴いてみましょう．

Hôtel du Lion, bonjour.

Bonjour, monsieur. Auriez-vous une chambre libre du 2 au 5 septembre, s'il vous plaît ?

C'est pour une personne ?

Oui, c'est pour moi.

Naoko appelle l'hôtel du Lion.

Le réceptionniste demande le nombre de personnes.

Un instant, s'il vous plaît. Oui, nous avons une chambre de libre.

Combien fait la chambre ?

60 euros la nuit, taxes comprises.

Le réceptionniste consulte son ordinateur.

Naoko demande le prix de la chambre.

🔑 キーフレーズ

◇ Je cherche une chambre du ... au ... .
〜日から〜日まで泊まりたいのですが．

● C'est pour une personne ?
お一人様ですか？

● Un instant, s'il vous plaît.
少々お待ちください．

◇ Combien coûte la chambre ?
おいくらですか？

◇ Auriez-vous une chambre libre du... au... ?
〜日から〜日まで部屋は空いていますか？

Chapitre 2 — Piste 14

À l'hôtel ホテル

- Le petit déjeuner est compris ?
- Bien, je la prends.
- Non, désolé. C'est 8 euros supplémentaires.

Naoko demande si le petit déjeuner est inclus dans le prix de la chambre.

- Puis-je avoir votre nom, s'il vous plaît ?
- Je m'appelle Naoko SHIMAMURA.

Le réceptionniste lui demande son nom.

- Pouvez-vous épeler votre nom, s'il vous plaît ?
- Mon prénom est Naoko, N-A-O-K-O. Et mon nom de famille est SHIMAMURA, S-H-I-M-A-M-U-R-A.

Le réceptionniste lui demande d'épeler son nom.

- Très bien, votre réservation est enregistrée. Nous attendons votre venue.
- Merci beaucoup. Au revoir.

La conversation se termine.

◇ Le petit-déjeuner est compris ?
   朝食つきですか？
● Non désolé.
   いいえ．申し訳ありません．
◇ Je la prends.
   その部屋にします．
● Puis-je avoir votre nom, s'il vous plaît ?
   名前をいただけますか？
● Pouvez-vous épeler (votre nom), s'il vous plaît ?
   = Comment vous appelez-vous ?
   スペルを言ってください．（＝どちら様ですか？）
● Votre réservation est enregistrée.
   ご予約は承りました．
● Nous attendons votre venue.
   お待ちしております．

2 Réserver son hôtel par téléphone Piste 15

Étape 2 今度はナオコになって，実際に電話でホテルを予約してみましょう．

Hôtel du Lion, bonjour.

C'est pour une personne ?

Naoko appelle l'hôtel du Lion.

Le réceptionniste demande le nombre de personnes.

Un instant, s'il vous plaît. Oui, nous avons une chambre de libre.

60 euros la nuit, taxes comprises.

Le réceptionniste consulte son ordinateur.

Naoko demande le prix de la chambre.

電話でホテルを予約するときに役立つ表現を覚えましょう．

応用表現

Piste 16

◇ Allô. C'est bien *l'hôtel Rimbaud* ?
もしもし．ランボー・ホテルですか？（確認したいとき）

◇ Pouvez-vous parler plus lentement, s'il vous plaît ?
もう少しゆっくり話してください．

◇ Je ne comprends pas ce que vous dites.
おっしゃる事が理解できません．

◇ Je voudrais *une chambre avec une belle vue / une chambre tranquille*.
眺めのよい部屋 / 静かな部屋が欲しいのですが．

◇ Est-ce qu'il y a l'air conditionné ?
エアコンはついていますか？

Chapitre 2 — Piste 15

Non, désolé. C'est 8 euros supplémentaires.

Puis-je avoir votre nom, s'il vous plaît ?

Naoko demande si le petit déjeuner est inclus dans le prix de la chambre.

Le réceptionniste lui demande son nom.

Pouvez-vous épeler votre nom, s'il vous plaît ?

Très bien, votre réservation est enregistrée. Nous attendons votre venue.

Le réceptionniste lui demande d'épeler son nom.

La conversation se termine.

À l'hôtel ホテル

◇ Avez-vous des chambres moins chères ?
もっと安い部屋はありませんか？

● Nous n'avons que des chambres avec douche.
シャワーつきの部屋しかありません。

◇ Puis-je payer par carte ?
クレジットカードで支払えますか？

◇ Il faut verser un acompte ?
前金は必要ですか？

◇ Pouvez-vous m'envoyer la confirmation de ma réservation *par mail / par courrier / par fax* ?
メール / 郵便 / ファックスで予約確認書を送っていただけますか？

2 観光案内所で（ホテルの予約）

(イラスト1) ナオコはライオン・ホテルに電話します．
予約係：ライオン・ホテルです．
ナオコ：こんにちは．9月2日から5日まで空いている部屋はありますか？

(イラスト2) ホテルの予約係は何人が泊まるか聞きます．
予約係：ご予約はお一人様ですか？
ナオコ：はい，私のためです．

(イラスト3) ホテルの予約係はコンピュータで調べます．
予約係：少々お待ちください．はい，部屋は空いております．

(イラスト4) ナオコは部屋の値段を尋ねます．
ナオコ：おいくらですか？
予約係：一泊は税金込みで60ユーロです．

(イラスト5) ナオコは値段に朝食が含まれているかどうか尋ねます．
ナオコ：朝食つきですか？
予約係：いいえ．朝食代は8ユーロになります．
ナオコ：それでは，その部屋にします．

(イラスト6) ホテルの予約係はナオコに名前を尋ねます．
予約係：お名前をいただけますか？
ナオコ：島村ナオコです．

(イラスト7) ナオコは名前のつづりをきかれます．
予約係：お名前のスペルを教えていただけますか？
ナオコ：下の名前はナオコ．N-A-O-K-O．苗字は島村です．
S-H-I-M-A-M-U-R-A．

(イラスト8) 会話が終わります．
予約係：かしこまりました．ご予約は承りました．お待ち申し上げております．
ナオコ：ありがとうございました．さようなら．

Information

知ってお得なフランス情報

　電話という顔の見えない相手とのコミュニケーションは不安なものです．これは国が違っても同じもの．まして，慣れない外国語となれば緊張もパニック寸前．さて，そんなときどうすればいいのか？　初めの第一声が大事なんです．はっきりと自信をもって，元気よく Allô ! Bonjour ! と言ってみてください．電話の向こうからも Allô ! Bonjour ! と返ってきたらしめたもの．ゆっくり落ち着いて，準備したフレーズで会話を始めてください．コツは，Allô ! のあとに Bonjour ! を忘れないこと．Bonjour ! をつけるかつけないかは，フランス人の間でも意見がわかれます．けれども，Bonjour ! と相手に言われて感じがいいと思うフランス人は多いのです．だったら思いっきり元気に Allô ! Bonjour ! と言ってみませんか？　もし相手の言葉が聞き取れなかったら遠慮なく Pardon ? Comment ? と訊き返しましょう．

　フランスは移民国家です．フランス人の4人に一人はお祖父さんお祖母さんの世代にフランスの領土以外から来た人がいるといいます．パリのような大都会では観光だけでなく，仕事をしている人，勉強している人…いろいろな国の人が生活しています．外国なまりは当たり前．みんな平気です．じつは「たどたどしい」フランス語で頑張っている方が，意外なところで手助けしてくれる人が現れるものです．

ボキャブラリー

une adresse　住所
l' air conditionné　エアコン
un lit pour enfant　子供用ベッド
un lit supplémentaire　エキストラベッド
un nom de famille　苗字

un numéro de téléphone　電話番号
un petit déjeuner　朝食
un prénom　名前
une réduction　割引
une réservation　予約

3 Le check-in à l'hôtel …… ホテルにチェックインする Piste 17

Étape 1 ホテルのチェックインのシーンです．まずは CD を聴いてみましょう．

— Bonsoir, madame. Puis-je vous aider ?
— Bonsoir, monsieur. J'ai réservé une chambre pour aujourd'hui.

Naoko arrive à la réception de l'hôtel.

— À quel nom, s'il vous plaît ?
— SHIMAMURA.

Naoko donne son nom.

— Bien, madame SHIMAMURA. Vous avez une réservation pour une chambre avec douche, pour 3 jours.
— C'est exact.

Le réceptionniste vérifie la réservation sur l'ordinateur.

— Veuillez remplir cette fiche, s'il vous plaît. Inscrivez vos nom, nationalité, adresse, profession. Et signez !
— Où dois-je signer ?
— Ici, en bas.

Naoko remplit la fiche d'inscription.

🔑 キーフレーズ

◇ J'ai une réservation !
予約したものですが．

◇ J'ai réservé une chambre pour aujourd'hui au nom de … .
〜の名前でシングルルームを一泊予約したのですが….

◇ C'est exact !
はい，そのとおりです．

● Veuillez remplir cette fiche, s'il vous plaît !
この宿泊カードにご記入願います．

● Inscrivez votre *nom* / *nationalité* / *numéro de passeport* / *adresse* / *profession* !
こちらに名前 / 国籍 / 旅券の番号 / 住所 / 職業をご記入願います．

◇ Où dois-je signer ?
どこにサインをすればいいですか？

Chapitre 2 — 3 — Piste 17

À l'hôtel ホテル

Vous avez la chambre 205. C'est au deuxième étage. Voici votre clé.

Le réceptionniste donne la clé à Naoko.

Où se trouve l'ascenseur ?

Il est juste à votre droite.

Naoko cherche l'ascenseur.

Et où est le restaurant ?

Au troisième. Le petit déjeuner est servi de 7h à 9h30.

Naoko demande où est le restaurant.

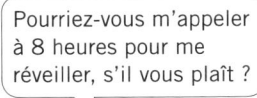

Pourriez-vous m'appeler à 8 heures pour me réveiller, s'il vous plaît ?

À votre service, madame.

Naoko demande un morning call.

- Vous avez la chambre ... .
  あなたの部屋は〜号室です.
- C'est au *deuxième* / *troisième* / *quatrième* étage.
  3/4/5 階にあります.
◇ Où se trouve *l'ascenseur* / *le restaurant* ?
  エレベーター / レストランはどこですか？
◇ Pourriez-vous m'appeler à ... heures pour me réveiller ?
  〜時にモーニングコールをお願いできますか？

3 Le check-in à l'hôtel

Piste 18

Étape 2 今度はナオコになって、ホテルにチェックインしてみましょう.

> Bonsoir, madame. Puis-je vous aider ?

Naoko arrive à la réception de l'hôtel.

> À quel nom, s'il vous plaît ?

Naoko donne son nom.

> Bien, madame SHIMAMURA. Vous avez une réservation pour une chambre avec douche, pour 3 jours.

Le réceptionniste vérifie la réservation sur l'ordinateur.

> Veuillez remplir cette fiche, s'il vous plaît. Inscrivez vos nom, nationalité, adresse, profession. Et signez !

> Ici, en bas.

Naoko remplit la fiche d'inscription.

チェックインの際に役立つ表現を覚えましょう.

応用表現

Piste 19

◇ Je voudrais *prolonger mon séjour d'une nuit / partir deux jours plus tôt / connecter mon ordinateur à Internet / changer de chambre.*
もう一泊延長する/2日早くここを発つ/パソコンをインターネットにつなげる/部屋を変えたいのですが.

● Il n'y a pas de réservation à votre nom.
お客様の予約は入っていません.

◇ Vous pouvez porter mes bagages jusqu'à ma chambre ?
荷物を部屋まで運んでもらえますか?

◇ Avez-vous un coffre-fort ?
セーフティボックスはありますか?

Chapitre 2 3 Piste 18

À l'hôtel ホテル

Vous avez la chambre 205. C'est au deuxième étage. Voici votre clé.

Le réceptionniste donne la clé à Naoko.

Il est juste à votre droite.

Naoko cherche l'ascenseur.

Au troisième. Le petit déjeuner est servi de 7h à 9h30.

Naoko demande où est le restaurant.

À votre service, madame.

Naoko demande un morning call.

◇ Y a-t-il *une piscine / un sauna / une salle de sport / un salon de beauté / un bar* ?
プール / サウナ / フィットネスクラブ / エステティックサロン / バーはありますか?

◇ J'ai besoin *d'un lit pour enfant / d'une serviette / d'une couverture / de papier toilette*.
子供用ベッド / タオル / 毛布 / トイレットペーパーが必要です。

◇ *La télévision / La climatisation / Le sèche-cheveux* ne marche pas.
テレビ / エアコン / ドライヤーが故障しています。

◇ Les toilettes sont bouchées.
トイレが詰まっています。

◇ Ma chambre n'a pas été nettoyée.
部屋が片付いていません。

◇ La chasse d'eau ne marche pas.
トイレが流れません。

◇ La chambre est trop *petite / bruyante*.
部屋が小さすぎ / うるさすぎます。

3 ホテルのチェックイン

(イラスト1) ナオコはフロントに着きます．
フロント係：こんばんは．いらっしゃいませ．
ナオコ　　：こんばんは．シングルルームでで予約してあります．

(イラスト2) ナオコは名前を言います．
フロント係：お名前は？
ナオコ　　：島村です．

(イラスト3) フロント係はコンピュータで予約の確認をします．
フロント係：島村様ですね．シャワーつきのシングルルームで三泊のご予約をいただいております．
ナオコ　　：はい，そのとおりです．

(イラスト4) ナオコは宿泊カードに記入します．
フロント係：こちらの宿泊カードにお名前，国籍，ご住所，職業と署名をお願いいたします．
ナオコ　　：どこにサインすればいいですか？
フロント係：下の所．そこです．

(イラスト5) フロント係はナオコにルームキーを渡します．
フロント係：お部屋は205号室，3階にございます．こちらがお部屋の鍵でございます．

(イラスト6) ナオコはエレベーターを探します．
ナオコ　　：エレベーターはどこですか？
フロント係：こちらすぐ右手にございます．

(イラスト7) ナオコはレストランについて尋ねます．
ナオコ　　：レストランはどこですか？
フロント係：4階にございますか．朝食は7時から9時半までです．

(イラスト8) ナオコはモーニングコールを頼みます．
ナオコ　　：8時にモーニングコールをお願いできますか？
フロント係：かしこまりました．

Information

知ってお得なフランス情報

荷物を部屋まで運んでもらったり，ベッドメイキングの際に感謝を込めて手渡す€1〜€2はちょっとしたコミュニケーションの潤滑油．チップには Merci. の一言を添えるのをお忘れなく．

ところでホテルの他にも，小銭が必要となる場所として，トイレがあります．一時姿を消したトイレの番をしている女の人 Dame Pipi．レストランやカフェ，改装した大きな駅のトイレでは，また復活しました．たとえばオーステルリッツ駅の超モダンなトイレでは，入口を入るとまず Dame Pipi がいて，女性（右），男性（左）と振り分けています．お風呂屋さんの番台みたいですね．ただ男性用は「小さいほう」のみとなっているので，男性でも「個室」が必要な場合は Dame Pipi に申告しなければなりません．相場は€0.40〜€0.50．

パリは日本のようにどこへ行っても清潔なトイレがあるとはかぎりませんが，彼女たちが見張っているトイレは確かに清潔で安心感もあります．Dame Pipi のいないカフェなどでは，ドアに小銭を入れるようになっていたり，あるいはカウンターでもらう専用コインがないとドアが開かないようになっている場合もあります．いずれも小銭のご用意が必要です．

À l'hôtel ホテル

ボキャブラリー

*l'*adresse　住所
la carte d'identité　身分証明書
le coffre-fort　金庫
la date d'arrivée　到着日
la date de départ　出発日
la date de naissance　生年月日

la fiche d'inscription　宿泊カード
le lieu de naissance　出生地
la nationalité　国籍
la profession　職業
le service de chambre　ルームサービス

4 Le check-out ······ ホテルのチェックアウト   Piste 20

Étape 1 ホテルのチェックアウトのシーンです．まずは CD を聴いてみましょう．

Bonjour, madame.

Bonjour, monsieur. Je voudrais faire le check-out, s'il vous plaît.

Quel est le numéro de votre chambre ?

205. Voici la clé.

Merci.

À la réception.

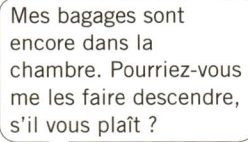

Naoko rend la clé de sa chambre.

Mes bagages sont encore dans la chambre. Pourriez-vous me les faire descendre, s'il vous plaît ?

Bien sûr, madame.

Avez-vous utilisé le mini-bar ?

Oui, j'ai pris une eau minérale et des cacahuètes.

Naoko demande qu'on lui apporte ses bagages.

Le réceptionniste prépare la note.

キーフレーズ

◇ Je voudrais faire le check-out.
チェックアウトをお願いします．

● Quel est le numéro de votre chambre ?
お部屋は何号室ですか？

◇ Pourriez-vous me les faire descendre ?
部屋から運んでいただけますか？

Chapitre 2 — 4 — Piste 20

À l'hôtel ホテル

— Bien. Voulez-vous vérifier la note, s'il vous plaît ?

— Pardon, à quoi correspond ce montant ?
— C'est le téléphone !
— Ah ! D'accord !

Le réceptionniste montre la note à Naoko.

Naoko vérifie la note.

— Vous réglez comment ?
— Par carte de crédit. Vous acceptez la carte Visa ?
— Bien sûr, madame.

— Voici votre facture. Merci de votre visite.
— Au revoir.

Naoko paie par carte.

Naoko reçoit la facture.

◇ À quoi correspond ce montant ?
これは何の費用ですか？

◇ Vous acceptez la carte Visa ?
VISA は使えますか？

4 Le check-out   Piste 21

Étape 2 今度はナオコになって、ホテルをチェックアウトしてみましょう．

Bonjour, madame.

Quel est le numéro de votre chambre ?

Merci.

À la réception.

Naoko rend la clé de sa chambre.

Bien sûr, madame.

Avez-vous utilisé le mini-bar ?

Naoko demande qu'on lui apporte ses bagages.

Le réceptionniste prépare la note.

チェックアウトの際に役立つ表現を覚えましょう．

応用表現

Piste 22

◇ La note, s'il vous plaît.
精算をお願いします．

◇ Je crois qu'il y a une erreur dans la facture.
明細に間違いがある気がします．

◇ Appelez-moi un taxi, s'il vous plaît.
タクシーを呼んでください．

◇ Puis-je vous confier mes bagages ?
荷物を預かってもらえますか？

◇ Vous pouvez garder mes bagages jusqu'à 16 heures, s'il vous plaît ?
午後4時まで荷物を預かってもらえますか？

Chapitre 2 — 4 — Piste 21

Bien. Voulez-vous vérifier la note, s'il vous plaît ?

C'est le téléphone !

Le réceptionniste montre la note à Naoko.

Naoko vérifie la note.

Vous réglez comment ?

Bien sûr, madame.

Voici votre facture. Merci de votre visite.

Naoko paie par carte.

Naoko reçoit la facture.

◇ Quel est ce montant ?
この料金は何ですか？

◇ J'ai oublié quelque chose dans ma chambre.
部屋に忘れ物をしました.

◇ Puis-je payer par carte de crédit ?
クレジット・カードで支払いできますか？

◇ Puis-je payer en liquide ?
現金で支払いできますか？

◇ Je voudrais retirer les objets que j'ai mis au coffre.
預かってもらった貴重品をお願いします.

4 ホテルのチェックアウト

(イラスト1) フロントで．
　　　　　　フロント係：おはようございます．
　　　　　　ナオコ　　　：おはようございます．チェックアウトをお願いします．

(イラスト2) ナオコはルームキーを返却します．
　　　　　　フロント係：お部屋は何号室ですか？
　　　　　　ナオコ　　　：205号室です．これがルームキーです．
　　　　　　フロント係：ありがとうございます．

(イラスト3) ナオコは荷物を運んでくれるよう頼みます．
　　　　　　ナオコ　　　：荷物がまだ部屋にあります．運んでいただけますか？
　　　　　　フロント係：かしこまりました．

(イラスト4) フロント係は請求書を作成します．
　　　　　　フロント係：ミニバーをご利用になりましたか？
　　　　　　ナオコ　　　：はい．ミネラルウォーター一本とピーナッツを一袋．

(イラスト5) フロント係はナオコに請求書を見せます．
　　　　　　フロント係：請求書をご確認いただけますか？

(イラスト6) ナオコは請求書を確認します．
　　　　　　ナオコ　　　：これは何の費用ですか？
　　　　　　フロント係：こちらは電話代でございます．
　　　　　　ナオコ　　　：ああ，そうでした．

(イラスト7) ナオコはクレジットカードで支払います．
　　　　　　フロント係：お支払いはどのようになさいますか？
　　　　　　ナオコ　　　：クレジットで．ビザカードで支払いできますか？
　　　　　　フロント係：もちろんです．

(イラスト8) ナオコは請求書を受け取ります．
　　　　　　フロント係：こちらが請求書の控えです．ご滞在ありがとうございました．
　　　　　　ナオコ　　　：さようなら．

Information

知ってお得なフランス情報

　パリでは，いわゆる「プチホテル」，アメリカ型のホテルチェーンそして由緒正しき五つ星ホテルに泊まるのとでは滞在の印象がまったく違ってきます．予約の前にあらかじめ部屋を見せてもらうことも可能です．三ツ星クラスのホテルでも全室バスタブ付きとは限りませんので，条件をはっきりと伝え，電話などで予約した場合には，できれば確認の Fax をもらっておくと安心です．

　ところでフランスの滞在はホテルばかりとは限りません．お城にも泊まれます．お勧めは古城ホテルよりこじんまりとした，ワイン造りのシャトー．chambre d'hôte と呼ばれる部屋貸しのシステムを利用すると家族ぐるみの暖かいおもてなしを受けることができます．豊かな田舎の自然を満喫し，夜ともなれば古びた塔の中で，気分は恋人を待つ中世のお姫様… たとえばブルゴーニュにあるシャトー・ド・ショレ・レ・ボーヌ（Château de Chorey les Beaune）はまさしくそんなお城です．

　http://www.chateau-de-chorey-les-beaune.fr/index.htm

　浴室などの設備は三ツ星ホテル並かそれ以上です．館の主人の案内でカーヴを探検したり，試飲もできます．ここで作られるワインは日本にも輸出されていますので，帰国してそのワインを見るたびに思い出にひたれるという嬉しいおまけもついてきます．

À l'hôtel ホテル

ボキャブラリー

une communication internationale　国際電話
une communication urbaine / locale　市内電話
confier　預かる
le départ　出発
partir　出発する

le prix de la chambre　室料
le prix d'un repas　食事代
un reçu / *une* facture　領収書
une taxe　税金
la TVA　付加価値税

Grammaire

否定文

今度は否定文をつくってみましょう．否定文にするには，動詞を ne と pas でサンドイッチにします．ホテルの部屋でテレビが映らなかったら

La télévision **ne** marche **pas**. (Piste 19)

ここでは，La télévision（冠詞と名詞）が主語で，marche が動詞（marcher）です．

フランス語の語彙

さて，marcher という単語を辞書で探すと，最初に「歩く」という意味が出てきます．それじゃ，フランス語では「テレビが歩く」の？！ そんなはずはありません．「歩く」のほかに「物事がうまく運ぶ」という意味があり，文脈によってはこの例のように「（機械ものが）ちゃんと動く，機能する」という意味にもなります．

日本語に比べたらフランス語は使用する単語の量がそれほど多くなくて，一つの単語がいろいろな意味を持っている場合があります．日本語でも同じ音を持つ言葉（たとえば「とる」）が，いろいろな漢字（「取る」「撮る」「採る」「捕る」「執る」「摂る」「獲る」「盗る」）に書き分けられ異なる意味をもつ場合があります．それと同じですね．

フランス語では，基礎になる語彙はおよそ 900 語．1200〜1300 語あれば日常生活に不自由しないといわれます．そう考えると覚える単語の量はたかが知れています．そこで，ひとつひとつの単語の意味を日本語に置き換えて覚えるのではなくて，その単語が担う本質的な意味おさえておくことが重要になります．

たとえば動詞 marcher を使って，よく会話の中に出てくるものに Ça marche ? という表現があります．Ça はなんでもかんでも指すことのできるたいへん便利な代名詞です．「なんでもかんでも」指せるので，何を指しているかは，文脈を見ないとわかりません．何かのプロジェクトを推進している人には，「あなたの計画はうまく運んでいますか？」の意味にもなるし，機械を話題にしている場合には「その機械は動きますか？」という意味にもなります．「歩く」という動作が，ここでは「前進する」「動く」という意味となって marcher という単語の中に反響しています．

ne が行方不明？！

ところで，口語のフランス語では否定表現の ne と pas のうち，後ろの pas しか使われないことがしばしばあります．否定表現ではこの pas の音がはっきり聞こえるかどうかが重要になります．たとえば

Ça marche. （うまくいってる）/ Ça marche **pas**. （うまくいってない）

各章の終わりにそっとつぶやいてみてください．Ça marche ?（フランス語の勉強，うまくいってる？）もちろん Ça marche ! ですよね！

構文　その２

●目的語と補語の位置
　文章にさらに目的語や補語が加わる場合には，動詞の後ろにつなげます．つまり英語と同じ **S＋V＋O（目的語）** や **S＋V＋C（補語）** という順番になります．

Vous acceptez **la carte Visa** ?
ビザカードは使えますか？　（Piste 20）

　Vous（主語）そして acceptez（動詞），次に目的語のグループ la carte Visa が来ます．

●代名詞に置き換えられた目的語や補語は動詞の前に
　英語との大きな違いは，この目的語や補語が代名詞に置き換えられた時，**動詞の前**に出てくることです．

Pourriez-vous **me les** faire descendre ?
部屋から（私のために）（それらの荷物を）運び降ろしてくださいませんか？　（Piste 20）

　という表現では，me（私のために）と les（それらを）のふたつが動詞 faire の前に出てきています．これは少し複雑な操作になりますから，「目的語や補語に代名詞を使うときは動詞の前に置く」ということだけ，記憶に留めておいてください．

●動詞の活用は覚えるが勝ち！
　さて，構文の中で要となる**動詞**ですが，**モード**と**時制**の二つを組み合わせて変化します．フランス語の動詞変化は英語よりヴァリエーションに富んでいます．**変化形**は**規則変化**と**不規則変化**に二分されます．全体の中では，規則変化をする動詞の数の方が圧倒的に多いのですが，使用頻度の高い動詞はなぜかほとんど不規則変化．出てくるたびに覚えてしまった方がじつは後が楽なのです．フランス語の活用はだんぜん「覚えるが勝ち！」です．

Imagier

- *le* balcon バルコニー
- *la* chambre simple シングルルーム
- *la* douche シャワー
- *la* salle de sport ジム
- *la* chambre double ツインルーム
- *la* salle de bain 浴室
- *la* baignoire バスタブ
- *les* escaliers 階段
- *la* sortie de secours 非常口
- *le* couloir 廊下
- *l'* ascenseur エレベーター
- *le* porteur ポーター
- *la* femme de ménage 客室係
- *le* restaurant レストラン, 朝食ルーム
- *le* buffet ビュッフェ
- *le* taxi タクシー
- *le* portier ドアマン
- *la* réception フロント
- *les* toilettes / *les* WC トイレ
- *le* hall ロビー

Chapitre 3

Pistes 23 à 28

Le train 列車

| 1 | **Au guichet de la gare** | 駅の窓口で |
| 2 | **Dans le train** | 列車の中で |

1 Au guichet de la gare …… 駅の窓口で   Piste 23

Étape 1 切符売り場でのシーンです．まずは CD を聴いてみましょう．

> Un billet de TGV pour Lyon, s'il vous plaît.

Au guichet.

> Aller simple ou aller-retour ?

> Un aller-retour, s'il vous plaît.

Le guichetier demande le type de billet.

> Vous partez quand ?

> Je veux partir de Paris le 2 septembre et rentrer le 5.

Le guichetier lui demande les dates de son voyage.

> En première ou en deuxième classe ?

> En deuxième classe, s'il vous plaît.

Le guichetier lui demande en quelle classe elle voudrait voyager.

🔑 キーフレーズ

◇ Un billet pour … .
〜行きの切符を1枚ください．

● Aller simple ou aller retour ?
片道ですか，それとも往復ですか？

◇ *Un aller simple / un aller-retour / deux billets pour Lyon*, s'il vous plaît.
片道1枚／往復1枚／リヨンまで2枚をください．

● Vous partez quand ?
　= Vous partez quel jour ?
　= Quand voulez-vous partir ?
ご出発の予定は何日ですか？

Chapitre 3 — 1 — Piste 23

> Vers quelle heure voulez-vous partir ?

> Vers 10 heures.

> Il y a un train à 9h54. Il arrive à midi.

Le guichetier demande l'heure de départ.

Le guichetier donne les horaires de départ et d'arrivée.

> Dois-je changer quelque part ?

> Non, c'est direct.

> 76 euros, s'il vous plaît.

> Je peux payer par carte ?

> Bien sûr. Insérez votre carte !

Naoko vérifie le trajet.

Naoko paie son billet par carte.

Le train 列車

◇ Je veux partir de Paris le 日・月 et rentrer le 日・月.
パリを〜月〜日に出発して、〜月〜日に戻るのが希望です。

premier mai / deux juin / trois juillet / quatre août / cinq septembre
5月1日 / 6月2日 / 7月3日 / 8月4日 / 9月5日

● En première ou en deuxième classe ?
1等ですか、2等ですか？

◇ Quelle est la différence de prix ?
料金はどのくらい違うのですか？

● Vous avez des réductions ?
何か割引切符ありますか？

● Vers quelle heure voulez-vous partir ?
何時ごろの電車にしますか？

◇ Dois-je changer quelque part ?
どこかで乗り換えなければなりませんか？

◇ Je peux payer par carte ?
カードで支払いしたいのですが。

1 Au guichet de la gare

Piste 24

Étape 2 今度はナオコになって切符を買ってみましょう．

Aller simple ou aller-retour ?

Au guichet.

Le guichetier demande le type de billet.

Vous partez quand ?

En première ou en deuxième classe ?

Le guichetier lui demande les dates de son voyage.

Le guichetier lui demande en quelle classe elle voudrait voyager.

駅の窓口で役立つ表現を覚えましょう．
応用表現
Piste 25

◇ Vous avez une réduction pour les moins de vingt-cinq ans ?
25歳以下だと割引がありますか？

◇ À quelle heure *part le train* / *part le premier train* / *part le dernier train* / *arrive le train* ?
電車の出発 / 始発電車の出発 / 最終電車の出発 / 電車の到着は何時ですか？

◇ Je voudrais arriver vers ... heures.
〜時ころに着きたいのですが．

◇ Quand part le prochain train pour ... ?
〜行きの次の列車は何時ですか？

◇ De quel quai part le train pour ... ?
〜行きの列車は何番線から出ますか？

Chapitre 3 1 Piste 24

Vers quelle heure voulez-vous partir ?

Il y a un train à 9h54. Il arrive à midi.

Le guichetier demande l'heure de départ.

Le guichetier donne les horaires de départ et d'arrivée.

Non, c'est direct.

76 euros, s'il vous plaît.

Bien sûr. Insérez votre carte !

Naoko vérifie le trajet.

Naoko paie son billet par carte.

Le train 列車

◇ Je voudrais utiliser mon Eurailpass à partir d'aujourd'hui.
（チケットを見せながら）今日からこのユーレイルパスを使いたいのですが．

◇ J'ai raté mon train.
乗り遅れてしまいました．

◇ Je voudrais une place *côté fenêtre / côté couloir*.
窓側 / 通路側の席がいいのですが．

● Le TGV a une heure de retard.
TGVは一時間ほど遅れています．

◇ Il y a *un tarif réduit / un train direct / un train plus tôt / une correspondance* ?
割引切符 / 直行列車 / それより早い列車 / 乗り換えはありますか？

◇ Où est la machine à composter ?
刻印機はどこにありますか？

65

1 駅の窓口で

(イラスト1) 切符売り場で．
ナオコ：リヨンまでTGVの切符を1枚ください．

(イラスト2) 駅員は切符の種類を尋ねます．
駅員　：片道ですか？往復ですか？
ナオコ：往復をお願いします．

(イラスト3) 駅員は日程について尋ねます．
駅員　：いつご出発ですか？
ナオコ：9月2日にパリを出発して，5日に戻ります．

(イラスト4) 駅員は1等か2等かを尋ねます．
駅員　：1等ですか？2等ですか？
ナオコ：2等車でお願いします．

(イラスト5) 駅員は出発の時間について尋ねます．
駅員　：何時にご出発になりますか？
ナオコ：朝の10時ごろに．

(イラスト6) 駅員は出発時刻と到着時刻について説明します．
駅員　：9時54分に出発し，12時にリヨンに到着する電車があります．

(イラスト7) ナオコは電車の乗り継ぎについて確認します．
ナオコ：どこかで乗り換えなくてはなりませんか？
駅員　：いいえ，直行です．

(イラスト8) ナオコはクレジット・カードで支払いたいです．
駅員　：76ユーロになります．
ナオコ：カードで支払いできますか？
駅員　：もちろん．どうぞ，カードを機械に入れてください．

Information

知ってお得なフランス情報

　フランスの自動券売機はなかなか複雑．クレジットカード（IC チップつき）が使えるのは便利ですが，故障していることもしばしば．また，割引料金は時期や時間帯によってかなり種類があるので，窓口で確認しながら切符を購入することをお勧めします．

　お得な周遊券を利用すればいちいち乗車券を買わなくても済みます．TGV も使える国内用のフランスレイルパス France Rail Pass は有効期間が 1 か月で，3～9 日の利用日数を自由に選べます．子供, ユース, シニア, セーバー（2 人以上のグループ）の種類があり，セーヌ川クルーズ 50％割引, リヨン観光特典などのボーナスがついてきます（これらの特典は変更されることがあります）．このパスはパリからヴェルサイユや空港までの近郊にも使えるのでたいへん便利です．

http://www.ohshu.jp/railpass/FranceRailPass.html

ボキャブラリー

une arrivée　到着
un départ　出発
la destination　目的地
la gare　駅
un quai　プラットホーム
un supplément　追加料金
une voie　～番線

le matin　朝（に）
*l'*après-midi　午後（に）
le soir　夕方（に）

le train　列車
le RER　パリ郊外列車
le TGV　テージェーヴェー
la SNCF　フランス鉄道
les Grandes Lignes　長距離列車
moins de 25 ans　25 歳以下
plus de 60 ans　60 歳以上

la nuit　夜（に）
à midi　正午に

2 Dans le train ····· 列車の中で

Piste 26

Étape 1 列車の中のシーンです．まずは CD を聴いてみましょう．

Bonjour. Est-ce la place numéro 24 ?

Tout à fait.

Naoko cherche sa place.

Je peux ouvrir la fenêtre ?

Oui, bien sûr.

Naoko demande si elle peut ouvrir la fenêtre.

Bonjour, madame. Votre billet, s'il vous plaît.

Voilà, monsieur.

Le contrôleur arrive.

Dans combien de temps on arrive à Nice ?

Dans 10 minutes environ.

Naoko se renseigne sur l'horaire d'arrivée.

キーフレーズ

◇ Est-ce la place numéro 24 ?
この座席は 24 番ですか？

◇ Je peux *ouvrir* / *fermer* la fenêtre ?
窓を開けても / 閉めてもいいですか？

◇ Dans combien de temps on arrive à ... ?
～まであとどのくらいかかりますか？

◇ De quel quai part le train pour ... ?
～行き列車は何番線から出発しますか？

Chapitre 3 — 2 — Piste 26

Le train 列車

De quel quai part le train pour Annecy ?

Le train pour Annecy part du quai 11.

Y a-t-il un wagon restaurant dans ce train ?

Non, madame. Mais il y a un bar dans la voiture 5.

Naoko demande de quel quai part le train pour Annecy.

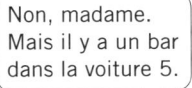

Naoko demande s'il y a un wagon-restaurant dans le train.

Mesdames et messieurs, dans quelques instants, le train va entrer en gare de Lyon.

Pardon. Puis-je passer, s'il vous plaît ? J'ai un changement à faire.

Je vous en prie, madame. Allez-y !

Une annonce.

Naoko demande si elle peut passer.

◇ Y a-t-il un restaurant dans le train ?
食堂車はありますか？

● Le bar est dans la voiture 3.
バーは3号車です.

● Dans quelques instants, le train va entrer en gare de ... .
まもなく〜駅に到着いたします.

◇ Pardon. *Puis-je / Je voudrais* passer ?
すみません．通していただけますか？

◇ J'ai un *changement à faire / autre train à prendre*.
もうじき乗り換えがあります.

2 Dans le train

Piste 27

Étape 2 今度はナオコになって、列車の中で他の乗客や車掌と話してみましょう．

Tout à fait.

Naoko cherche sa place.

Oui, bien sûr.

Naoko demande si elle peut ouvrir la fenêtre.

Bonjour, madame. Votre billet, s'il vous plaît.

Le contrôleur arrive.

Dans 10 minutes environ.

Naoko se renseigne sur l'horaire d'arrivée.

列車内で役立つ表現を覚えましょう．

応用表現

Piste 28

◇ Cette place est *réservée* / *occupée* / *libre* ?
この席は予約席 / ふさがっている / 空席ですか？

◇ Je ne trouve pas ma place.
席が見つからないのですが．

◇ Excusez-moi, vous êtes assis[e] à ma place.
すみません．そこは私の席ですけれど．

◇ Excusez-moi, je me suis trompé[e] de place.
すみません，席を間違えました．

◇ Où sont les toilettes ?
トイレはどこですか？

Chapitre 3 **2** **Piste 27**

Le train pour Annecy part du quai 11.

Non, madame. Mais il y a un bar dans la voiture 5.

Naoko demande de quel quai part le train pour Annecy.

Naoko demande s'il y a un wagon-restaurant dans le train.

Mesdames et messieurs, dans quelques instants, le train va entrer en gare de Lyon.

Je vous en prie, madame. Allez-y !

Une annonce.

Naoko demande si elle peut passer.

Le train 列車

◇ Quelle est la gare suivante ?
次の駅はどこですか？

◇ Quel est le prochain arrêt ?
次の停車駅はどこですか？

◇ Est-ce que le train s'arrête à ... ?
電車は〜駅に停車しますか？

● Terminus du train.
この列車はここで終点です．

◇ J'ai perdu mon billet.
切符をなくしてしまいました．

◇ Je ne suis pas dans le bon train.
間違った列車に乗ってしまいました．

◇ Le train s'arrête combien de temps ?
停車時間はどのくらいですか？

● Le train aura 20 minutes de retard.
列車は 20 分遅れで到着します．

2　列車の中で

- イラスト1　ナオコは自分の席を探しています．
  - ナオコ：こんにちは．この座席は24番ですか？
  - お客　：はい，そうです．

- イラスト2　ナオコは窓を開けてもいいか尋ねます．
  - ナオコ：窓を開けてもいいですか？
  - お客　：はい，どうぞ．

- イラスト3　(列車の)車掌が来ます．
  - 車掌　：こんにちは．切符を見せてください．
  - ナオコ：どうぞ．

- イラスト4　ナオコは到着時刻を訪ねます．
  - ナオコ：ニースまではあと何分かかりますか？
  - 車掌　：あと10分ぐらいでしょう．

- イラスト5　ナオコはアヌシー行きの列車は何番線から出るか尋ねます．
  - ナオコ：アヌシー行きの列車は何番線から出ますか？
  - 駅の人：アヌシー行きの列車は11番から出ます．

- イラスト6　ナオコは食堂車があるかどうか尋ねます．
  - ナオコ：食堂車はありますか？
  - 車掌　：いいえ，食堂車はありませんが，バーは5号車にあります．

- イラスト7　アナウンス
  - みなさま，まもなくリヨン駅に到着いたします．

- イラスト8　ナオコは降りるために前を通っていいか尋ねます．
  - ナオコ：すみません．通していただけますか？次で乗り換えます．
  - お客　：どうぞ（お通りください）．

Information

知ってお得なフランス情報

　フランスの列車の駅には改札口がありません．乗車する前にホームで機械（Composteur）に切符を差し込み，刻印を受けなければなりません．刻印がないと不正乗車となり，以前は問答無用で罰金をとられました．最近は車内で「自発的に」車掌さんに申し出るかぎり，刻印がなくてもおとがめなしということです．しかし，あまりにも職務に忠実なあまり，不慣れな外国人に特に厳しい駅員さんもいるようなので，ご用心．いざ刻印したら，今度は列車のステップをよじ昇らなければなりません．ホームは地面すれすれの高さ．また降りるときは自分でドアを開けなければなりません．荷物をもっての列車の旅は重労働です．しかし，駅では，ごく自然に，人の手を借りたり，また人に手を貸す光景が見られます．旅は道づれ．あなたが誰かを必要とするのと同様に，あなたを必要とする人が近くにいるかもしれません．ぜひ恥ずかしがらずに周りの人に声をかけてみてください．ささいなことでもお互い助け合えると，言葉の壁を乗り越えたという実感にもつながります．

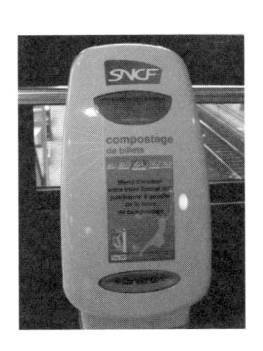

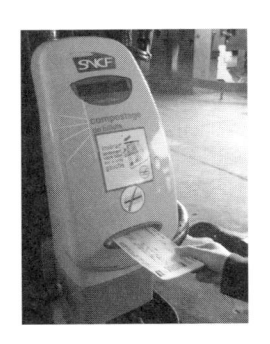

ボキャブラリー

un changement　乗り換え
le compartiment　コンパートメント
une couchette inférieure　上段の寝台
une couchette supérieure　下段の寝台
le dernier train　最終列車
une place　座席
le premier train　始発列車

le prochain train　次の列車
une réservation　予約
seconde / première classe　2/1 等
le tarif　料金
la voiture bar　ビュッフェ車
le wagon-lit　寝台車
le wagon-restaurant　食堂車

Grammaire

数を数えるための数々のコツ

「アン，ドゥ，トロワ」まではなんとか数えられるけど…その先は？　ここでは覚えるためのコツをひとつふたつ．最初に 10 までの数を覚えましょう．

1 (un)	2 (deux)	3 (trois)	4 (quatre)	5 (cinq)
6 (six)	7 (sept)	8 (huit)	9 (neuf)	10 (dix)

これで，基本の表現が可能になります（発音は 190 〜 193 ページの表を見てください．ここでは形に注目しましょう）．

次に 12 まで増やします．

11 (onze)	12 (douze)

これで 12 時間が表現できるようになります．
さあ，20 まで増やしてみましょう．

13 (treize)	14 (quatorze)	15 (quinze)	16 (seize)
17 (dix-sept)	18 (dix-huit)	19 (dix-neuf)	20 (vingt)

ここまでが不規則に近いので，おまじないのように唱えて覚えてしまいます．あとは簡単．そこから一気に 60 まで，きりのいい数字 20 (vingt)，30 (trente)，40 (quarante)，50 (cinquante)，60 (soixante) を覚えてしまいます．あとは後ろにハイフン (-) をもってきて 1 〜 9 (-deux, -trois) までをつなげていくだけです．1 のときだけ数字と数字の間に et が入ることをお忘れなく (et un)．

20 (vingt)	21 (vingt **et** un)	22 (vingt-deux)	23 (vingt-trois)...
30 (trente)	31 (trente **et** un)	32 (trente-deux)	33 (trente-trois)...
40 (quarante)	41 (quarante **et** un)	42 (quarante-deux)	43 (quarante-trois)...

これでもう，60 分が表現できますから，時間に関しては自由自在です．

時間の表現

時間の表現「今，〜時〜分です」には，Il est 〜 heure(s) を使います．
heure は「時間，時」を表す名詞です．

Il est <deux, trois, quatre...> **heures**.

さらに何分と付け加える場合は，続けて数字だけを言います．
Il est <deux, trois, quatre...> **heures** <dix, vingt, quarante...>.

ちょうど12時の場合には，次のような表現が使われます．

Il est midi.　昼の12時　　Il est minuit.　深夜の0時

「何分」と言うのに，15分過ぎ，30分，15分前などきりのいい時間の場合，数字ではなく，次のような表現も使われます．

Il est (deux, trois, quatre, cinq...) heures | **et quart**.　15分過ぎ
| **et demie**.　30分．半
| **moins le quart**.　15分前

数字の1は変身する!?

さて，それでは「1時」の場合には，どのように言うのでしょう？

×**Il est** un **heures**.

えっ？　1は　un じゃなかった？　はい，数字としてはそうなのですが…　名詞の前で「ひとつの〜，1個の〜」という意味で使われる時には，その名詞の性によって男性名詞なら un，女性名詞なら une と変わります．ここでは heure が女性名詞なので，une を使います．そして複数の s がついた heures ではなく，単数の heure を使います．正解は

Il est une **heure**.　1時です．

この規則は，実はフランス語の不定冠詞とおおいに関係があるんです．
今，解き明かされる数字の1と冠詞の秘密！　次章へ続く….

Imagier

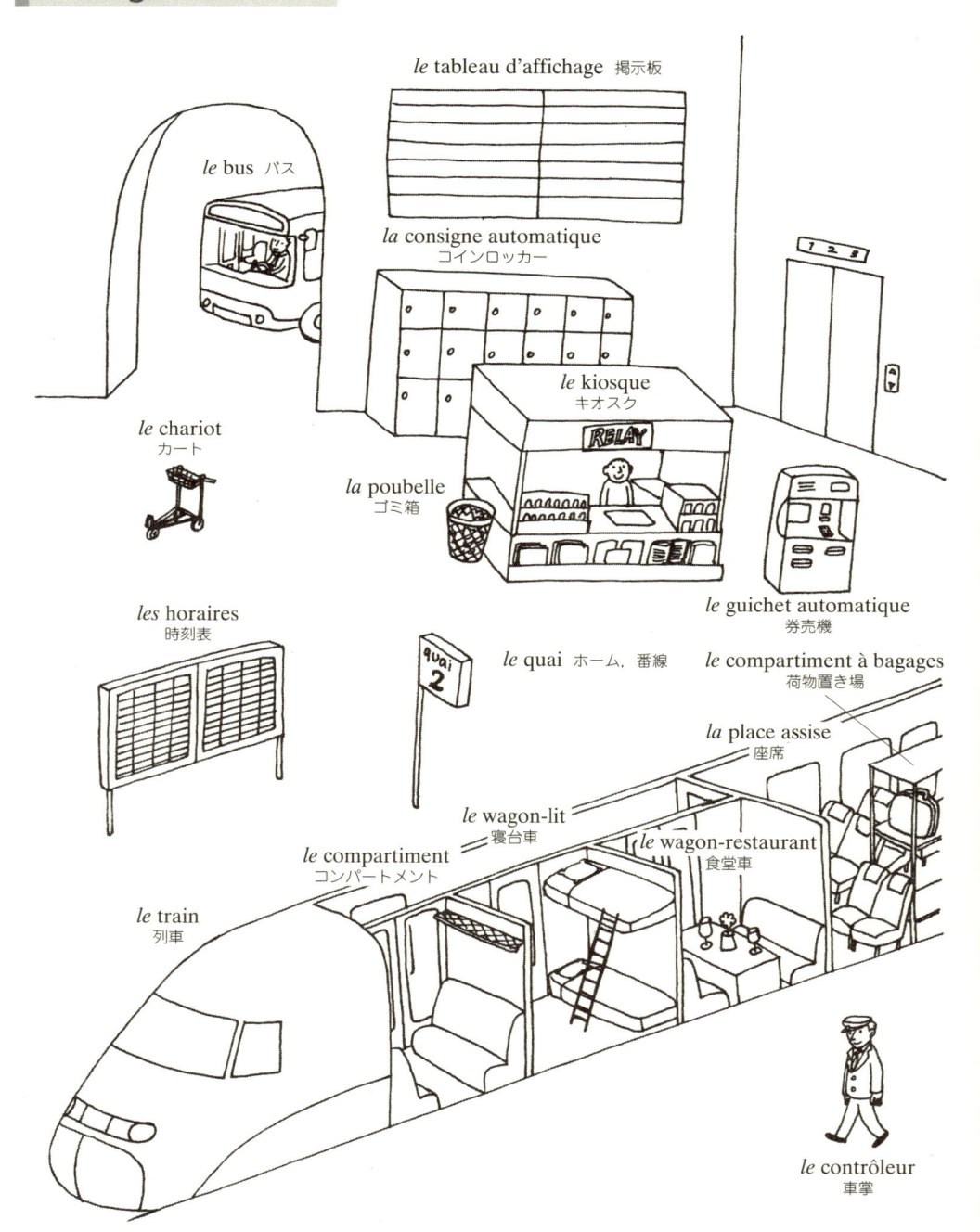

le tableau d'affichage 掲示板

le bus バス

la consigne automatique コインロッカー

le kiosque キオスク

le chariot カート

la poubelle ゴミ箱

le guichet automatique 券売機

les horaires 時刻表

le quai ホーム、番線

le compartiment à bagages 荷物置き場

la place assise 座席

le wagon-lit 寝台車

le wagon-restaurant 食堂車

le compartiment コンパートメント

le train 列車

le contrôleur 車掌

Chapitre 4
Pistes 29 à 43

En ville　　　　　　　　　　　　　　　　　街で

1. **À l'office du tourisme (2)**　観光案内所で
2. **À la poste**　郵便局で
3. **À la banque**　銀行で
4. **À la billeterie de l'opéra**
   　　オペラのチケット売り場で
5. **À la pharmacie**　薬局で

1 À l'office du tourisme (2) …… 観光案内所で (2) Piste 29

Étape 1 観光案内所のシーンです．まずは CD を聴いてみましょう．

> Puis-je vous aider, madame ?

> Je voudrais un plan de la ville, s'il vous plaît.

Naoko cherche un plan de la ville.

> Tenez.

> C'est gratuit ?

> Bien sûr, madame.

Naoko reçoit un plan.

> Auriez-vous un programme des événements culturels ?

Naoko cherche un programme des événements culturels.

> Oui, les dépliants et les guides des musées sont sur les présentoirs. Prenez ce que vous voulez, madame.

L'employé montre à Naoko les présentoirs avec les dépliants.

🔑 キーフレーズ

- Puis-je vous aider ?
  (何か)お手伝いしましょうか？
- ◇ Je voudrais un plan de la ville.
  町の地図をください．
- Prenez ce que vous voulez.
  お好きなものをお取りください．
- ◇ Auriez-vous *un programme des événements culturels / un dépliant touristique / des informations en japonais* ?
  催し物案内(イベントガイド)/ 観光案内パンフレット / 日本語の情報ガイドはありますか？
- ◇ C'est gratuit ?
  無料ですか？

Chapitre 4 — 1 — Piste 29

> Y a-t-il des visites guidées de la ville en bus, s'il vous plaît ?

> Oui, tous les jours, à 10 heures et à 15 heures.

Naoko demande s'il y a des visites guidées.

> Quel est le tarif ?

> 12 euros par adulte.

Naoko en demande le prix.

> Combien de temps dure la visite ?

> Environ deux heures.

Naoko demande la durée de la visite guidée.

> Où commence la visite ?

> À la gare. Vous devez vous y présenter 10 minutes avant le départ.

> Merci bien.

Naoko demande le lieu du départ.

En ville 街で

◇ Y a-t-il *des visites guidées / un guide parlant japonais* ?
観光案内パンフレットはありますか？／日本語の話せるガイドはいますか？

◇ Quel est le tarif ?
料金はいくらですか？

● ~ euros par adulte.
大人~ユーロです．

◇ Où commence la visite ?
見学はどこから出発しますか？

◇ Combien de temps dure *la visite / l'excursion / la représentation / le spectacle* ?
見物・観光／ツアー・コース／上演・興行／芝居・ショーはどのくらい時間がかかりますか？

● Vous devez vous y présenter 10 minutes avant le départ.
出発時刻の10分前にそこに集合しなければなりません．

1 À l'office du tourisme (2) Piste 30

Étape 2 今度はナオコになって，いろいろ尋ねてみましょう．

Puis-je vous aider, madame ?

Naoko cherche un plan de la ville.

Tenez.

Bien sûr, madame.

Naoko reçoit un plan.

Naoko cherche un programme des événements culturels.

Oui, les dépliants et les guides des musées sont sur les présentoirs. Prenez ce que vous voulez, madame.

L'employé montre à Naoko les présentoirs avec les dépliants.

観光案内所で役立つ表現を覚えましょう．
応用表現

Piste 31

- ... euros par *adulte* / *enfant* / *groupe*.
  大人 / 子供 / グループは〜ユーロです．

◇ Quelles sont les curiosités locales ?
 = Qu'est-ce qu'il y a à voir par ici ?
  このあたりの見所は何ですか？

◇ Quelle excursion est la plus demandée ?
  一番人気のあるツアーを教えてもらえますか？

◇ Vous me recommandez *quel restaurant* / *quel endroit intéressant* / *quelle spécialité* ?
  どんなレストラン / 面白いところ / どんな特産品がおすすめですか？

◇ Comment peut-on y aller ?
  そこへの行き方は？

Chapitre 4 — 1 — Piste 30

> Oui, tous les jours, à 10 heures et à 15 heures.

Naoko demande s'il y a des visites guidées.

> 12 euros par adulte.

Naoko en demande le prix.

> Environ deux heures.

Naoko demande la durée de la visite guidée.

> À la gare. Vous devez vous y présenter 10 minutes avant le départ.

Naoko demande le lieu du départ.

En ville 街で

◇ Peut-on acheter les billets ici ?
ここで切符が買えますか？

◇ Vous pouvez me montrer sur ce plan ?
この地図で教えてもらえませんか？

◇ Vous pouvez me dessiner un plan ?
地図を描いてもらえませんか？

◇ Où est le quartier *commerçant* / *pour les jeunes* / *branché* ?
店の多い地区 / 若者が集まるところ / 今，一番人気のスポットはどこですか？

◇ À quelle heure est *le départ* / *le retour* ?
出発 / 帰りは何時ですか？

◇ Où peut-on acheter les billets ?
チケットはどこで買えますか？

◇ A-t-on du temps libre ?
自由時間はありますか？

1 観光案内所で（2）

(イラスト1) ナオコは市街地図を探しています．
　インフォメーション係：（何か）お手伝いしましょうか？
　ナオコ　　　　　　　：市街地図はありますか？

(イラスト2) ナオコは地図をもらいます．
　インフォメーション係：どうぞ．
　ナオコ　　　　　　　：無料ですか？
　インフォメーション係：もちろんです．

(イラスト3) ナオコは催し物案内を探します．
　ナオコ　　　　　　　：催し物案内(イベントガイド)はありますか？

(イラスト4) インフォメーション係はナオコに資料棚の場所を教えてくれます．
　インフォメーション係：はい，（催し物案内の）パンフレットや博物館ガイドなどの資料があそこの棚に置いてあります．お好きなものをご自由にお取りください．

(イラスト5) ナオコは市内観光ツアーについて問い合わせます．
　ナオコ　　　　　　　：バスでの市内観光ツアーはありますか？
　インフォメーション係：はい．毎朝10時と午後3時にあります．

(イラスト6) ナオコは値段を尋ねます．
　ナオコ　　　　　　　：料金はいくらですか？
　インフォメーション係：大人12ユーロです．

(イラスト7) ナオコは所要時間を尋ねます．
　ナオコ　　　　　　　：そのツアーはどのくらい時間がかかりますか？
　インフォメーション係：約二時間です．

(イラスト8) ナオコは出発場所について尋ねます．
　ナオコ　　　　　　　：どこから出発しますか？
　インフォメーション係：駅前からです．出発時刻の10分前までにはご集合ください．
　ナオコ　　　　　　　：ありがとう．

Information

知ってお得なフランス情報

　出発前に旅の情報を集めるなら，まずは在日フランス大使館のホームページからフランス政府観光局の「メゾン・ド・フランス」にアクセス．地理などの基本情報をはじめ，交通手段，物価などはもとより，「持って帰りたい地方のお土産」までいたれりつくせり．特に，豊富なイベント情報をさっくり日本語で見られるのは時間の節約になります．
http://www.ambafrance-jp.org/article.php3?id_article=2559
　またここから地方観光局のサイトにリンクが張られていますので，フランス周遊ヴァーチャル観光もお楽しみいただけます．
http://jp.franceguide.com/home.html?NodeID=141
　もちろんそこから先はフランス語．それぞれのサイトが地方色をもっていますので，見比べてみるのも楽しいものです．中にはワインの産地ブルゴーニュの公式サイトのように，日本語が選べるところもありますよ．
http://www.burgundy-tourism.com/

En ville 街で

ボキャブラリー

une abbaye　修道院
un aquarium　水族館
une cathédrale　大聖堂
un château　城
une citadelle　城砦
une église　教会
un festival　（音楽・演劇・映画）祭
une galerie　画廊

une maison natale　生家
un monastère　修道院，僧院，尼僧院
un musée　博物館
un parc d'attractions　遊園地
une statue　記念像
un théâtre　劇場
une tour　タワー，塔

2 À la poste …… 郵便局で   Piste 32

Étape 1 郵便局でのシーンです．まずは CD を聴いてみましょう．

> Je voudrais envoyer cette carte postale au Japon.

> Au Japon ? 90 centimes.

> Et cette lettre aussi.

> 1 euro, pour la lettre.

Naoko souhaite envoyer une carte au Japon.

Naoko demande le prix de sa lettre.

> Pouvez-vous me donner 10 timbres à 90 centimes, s'il vous plaît ?

> Cela vous fera 9 euros.

> Je voudrais aussi envoyer ce paquet, s'il vous plaît.

Naoko demande des timbres.

Naoko veut envoyer un paquet.

キーフレーズ

◇ Je voudrais envoyer *cette carte postale / cette lettre / ce paquet / un télégramme* au Japon.
日本へこの絵葉書／この手紙／この小包／電報を送りたいのですが．

◇ Pouvez-vous me donner *un timbre pour le Japon / un timbre de collection / un emballage Colissimo, taille XL* ?
日本宛ての切手を1枚／記念切手を1枚／XLサイズの国際郵便パック（コリスィモ）を1つもらえませんか？

● Ça vous fera ... euros.
…ユーロになります．

Chapitre 4 — 2 — Piste 32

> Ça prend combien de temps par bateau ?

> 6 à 8 semaines.

> Alors, par avion, s'il vous plaît.

Naoko demande combien de temps cela prend par bateau.

Elle se décide pour l'envoi par avion.

> Je vous conseille de prendre un emballage Colissimo. C'est moins cher.

> D'accord.

> Veuillez indiquer l'adresse du destinataire, celle de l'expéditeur, le contenu et la valeur du paquet. Et n'oubliez pas de remplir la déclaration pour la douane !

L'employé de la poste lui conseille d'acheter un Colissimo.

Il lui montre les documents à remplir.

En ville 街で

- Par avion ou par bateau ?
  航空便か船便のどちらにしますか？
- ◇ Ça prend combien de temps ?
  どのくらい時間かかりますか？
- Je vous conseille de prendre ...
  〜を買うことはおすすめです。

- Veuillez indiquer *l'adresse du destinataire* / *l'adresse de l'expéditeur* / *le contenu du paquet* / *la valeur*.
  受取人の住所／差出人の住所／小包の内容品の詳細／価格をご記入ください。
- N'oubliez pas de remplir la déclaration pour la douane !
  税関申告書を記入することを忘れないでください。

2 À la poste

Piste 33

Étape 2 今度はナオコになって，郵便局で切手を買ったり小包を送ってみましょう．

Au Japon ? 90 centimes.

Naoko souhaite envoyer une carte au Japon.

1 euro, pour la lettre.

Naoko demande le prix de sa lettre.

Cela vous fera 9 euros.

Naoko demande des timbres.

Naoko veut envoyer un paquet.

郵便局で役立つ表現を覚えましょう．

応用表現

Piste 34

◇ C'est fragile.
こわれ物が入っています．

◇ Je voudrais envoyer ceci
en économique / en recommandé / par exprès.
これをエコノミー便で / 書留で / 速達で送りたいのですが．

◇ Avez-vous des timbres de collection ?
記念切手はありますか？

◇ Est-ce que j'ai bien écrit ?
書き方はこれでいいですか？

Chapitre 4 **2** Piste 33

6 à 8 semaines.

Naoko demande combien de temps cela prend par bateau.

Elle se décide pour l'envoi par avion.

Je vous conseille de prendre un emballage Colissimo. C'est moins cher.

Veuillez indiquer l'adresse du destinataire, celle de l'expéditeur, le contenu et la valeur du paquet. Et n'oubliez pas de remplir la déclaration pour la douane !

L'employé de la poste lui conseille d'acheter un Colissimo.

Il lui montre les documents à remplir.

En ville 街で

◇ Il y a une limite de poids ?
　重量制限はありますか？
◇ Le plus rapidement possible.
　最も早い方法で.
◇ Le moins cher possible.
　最も安い方法で.
◇ Je voudrais un emballage de taille M.
　Mサイズの小包用のパックをください.

87

2 郵便局で

(イラスト1) ナオコは日本宛の絵葉書を出しに来ました．
　　ナオコ　　：この絵葉書を日本へ送りたいのですが．
　　郵便局員：日本までですか？ 90 サンチームです．

(イラスト2) ナオコは手紙の値段を尋ねます．
　　ナオコ　　：この手紙も．
　　郵便局員：封書は 1 ユーロになります．

(イラスト3) ナオコは切手を買います．
　　ナオコ　　：90 サンチームの切手を 10 枚ください．
　　郵便局員：9 ユーロになります．

(イラスト4) ナオコは小包も送りたいです．
　　ナオコ　　：それから，この小包も送りたいのですが．

(イラスト5) ナオコは船便がどのくらいの日数がかかるか尋ねます．
　　ナオコ　　：船便だと，どのくらいかかりますか？
　　郵便局員：6 〜 8 週間．

(イラスト6) ナオコは航空便にします．
　　ナオコ　　：それだったら，航空便にします．

(イラスト7) ナオコは郵便局員にコリスィモでの送付を勧められています．
　　郵便局員：コリスィモ（国際郵便パック）はお勧めです．一番安くなりま
　　　　　　　すから．
　　ナオコ　　：わかりました．

(イラスト8) 郵便局の窓口係は，必要な書類を渡します．
　　郵便局員：受取人の住所，差出人の住所，内容品の詳細とその価格をご
　　　　　　　記入ください．そして，税関申告書の記入も忘れないでくだ
　　　　　　　さい．

Information

知ってお得なフランス情報

　フランスの郵便局は並ぶので有名．午前中が狙い目とはいえ，そうそう並んでばかりもいられません．となると，便利なのが，Prêt-à-Poster という切手料金込みの封筒．スーパーのレジでも買えます．しかも！ デザインが素敵．コレクターもいるくらいです．モン・サン・ミッシェルのような観光地には「ご当地仕様」の封筒もありますから，お土産にもなります．ところで，郵便局からは最近，郵便料金込み，書いてすぐ投かんするだけで，世界中のどこにでも送れる封筒 Clic from が売り出されました．3枚セットで€3.70．観光地それぞれにヴァージョンがあり，Clic from Paris はエッフェル塔，ノートルダム，サクレクール寺院の写真つき．絵葉書感覚で手紙が送れます．

　http://www.laposte.fr/courrierinternational/index.php?id=1854

ボキャブラリー

une adresse　住所
une boîte aux lettres　郵便ポスト
une carte postale　絵葉書
un code postal　郵便番号
un colis = *un* paquet　小包
un destinataire　宛先
en prioritaire　優先便
une enveloppe　封筒

un expéditeur　差出人
un nom　名前
par avion　航空便
par bateau　船便
un pays　国
un timbre　切手
une ville　市町村

3 À la banque ……銀行で

Piste 35

Étape 1 今度は銀行でのシーンです．まずは CD を聴いてみましょう．

> Bonjour monsieur, je voudrais changer des yens en euros.

Naoko voudrait changer de l'argent.

> Combien voulez-vous changer ?

> 40.000 yens.

L'employé lui demande la somme qu'elle souhaite changer en euros.

> Voici votre reçu et 100, 200 et 50 qui font 250 euros.

> Merci.

L'employé lui donne son change.

> Pardon, monsieur. Pouvez-vous me faire de la monnaie ?

Naoko demande de la monnaie.

🔑 キーフレーズ

◇ Je voudrais changer des yens en euros.
日本円をユーロに両替したいのですが．

● Combien voulez-vous changer ?
いくら両替をご希望ですか？

◇ *dix / vingt / trente / quarante / cinquante / soixante* mille yens environ.
だいたい 1/2/3/4/5/6 万円．

◇ Donnez-moi de *la monnaie / dix billets de dix / cinq billets de vingt* !
小銭 /10 ユーロ札を10枚 /20 ユーロ札を5枚ください．

Chapitre 4 ③ Piste 35

> Pouvez-vous changer ces chèques de voyage en euros ?

> Oui, bien sûr. Votre passeport, s'il vous plaît… Merci… Veuillez signer vos chèques, s'il vous plaît.

Naoko demande si elle peut changer ses chèques de voyage.

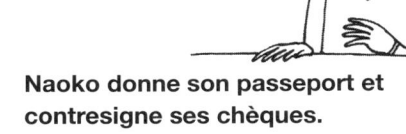

Naoko donne son passeport et contresigne ses chèques.

> Puis-je retirer de l'argent au distributeur avec cette carte ?

> Bien sûr, madame. Le distributeur fonctionne 24 heures sur 24.

> Pouvez-vous m'aider à utiliser ce distributeur, s'il vous plaît ?

> Oui, madame.

Naoko voudrait retirer de l'argent au distributeur.

Naoko demande de l'aide à un employé.

En ville 街で

◇ Pouvez-vous changer ces chèques de voyage en euros ?
このトラベラーズチェックをユーロに両替できますか？

● Vos chèques de voyage sont en quelle devise ?
トラベラーズチェックはどの通貨ですか？

◇ Puis-je retirer de l'argent au distributeur avec cette carte ?
このカードで ATM からお金を引き出せますか？

◇ Pouvez-vous m'aider à utiliser ce distributeur ?
この ATM を使えるように手伝っていただけますか？

3 À la banque

Piste 36

Étape 2 今度はナオコになって，両替をしたり T/C を現金化したりしてみましょう．

> Combien voulez-vous changer ?

Naoko voudrait changer de l'argent.

L'employé lui demande la somme qu'elle souhaite changer en euros.

> Voici votre reçu et 100, 200 et 50 qui font 250 euros.

L'employé lui donne son change.

Naoko demande de la monnaie.

応用表現

銀行で役立つ表現を覚えましょう．

Piste 37

◇ Où peut-on changer *des chèques de voyage* / *de l'argent* ?
トラベラーズチェック／お金はどこで替えられますか？

◇ Où est le distributeur de billets ?
ATM はどこですか？

◇ Est-ce que vous acceptez les chèques de voyage ?
トラベラーズチェックを扱っていますか？

◇ Quel est le taux de change du yen ?
円の両替レートはどのくらいですか？

◇ La commission est de combien ?
手数料はいくらかかりますか？

Chapitre 4 — 3 — Piste 36

> Oui, bien sûr. Votre passeport, s'il vous plaît… Merci… Veuillez signer vos chèques, s'il vous plaît.

Naoko demande si elle peut changer ses chèques de voyage.

Naoko donne son passeport et contresigne ses chèques.

> Bien sûr, madame. Le distributeur fonctionne 24 heures sur 24.

> Oui, madame.

Naoko voudrait retirer de l'argent au distributeur.

Naoko demande de l'aide à un employé.

En ville 街で

- Vous devez vous rendre dans une autre banque.
  別の銀行に行ってみてください.

◇ Je crois qu'il y a une erreur.
  計算が間違っているようです.

◇ Vous pouvez revérifier ?
  もう一度チェックしてください.

3 銀行で

(イラスト1) ナオコは両替したいと思っています．
ナオコ：こんにちは．日本円をユーロに両替したいのですが．

(イラスト2) 窓口ではいくら両替したいのか尋ねられます．
窓口係：いくら両替をご希望ですか？
ナオコ：4万円です．

(イラスト3) 窓口係はナオコが両替した分をナオコに渡します．
窓口係：領収書をどうぞ．100，200，50で250ユーロとなります．
ナオコ：ありがとうございました．

(イラスト4) ナオコは小銭も頼みます．
ナオコ：すみません．お札を小銭に替えてください．

(イラスト5) 窓口係にトラベラーズチェックを替えられるのかを尋ねます．
ナオコ：このトラベラーズチェックをユーロに両替できますか？

(イラスト6) ナオコは旅券を渡します．そして，トラベラーズチェックにサインします．
窓口係：はい，大丈夫です．パスポートをお願いします．…ありがとうございました．…トラベラーズチェックにサインしてください．

(イラスト7) ナオコはATMからクレジットカードでお金を引き出したいと思っています．
ナオコ：このカードでATMからお金を引き出せますか？
窓口係：ええ，もちろん．ATMは24時間利用可能です．

(イラスト8) ナオコは手伝ってくれるよう頼みます．
ナオコ：（引き出す際に）手伝っていただけますか？
窓口係：もちろんです．

Information

知ってお得なフランス情報

　両替は銀行でするのが一番安心です．かつては円が強かったので両替せずに持ち込む方が便利でした．今は完全に違います．ユーロの現金は日本を発つときにある程度持っていた方がやはり安心です．しかし，この「ある程度」がくせもの．結局いくらぐらいが妥当なのか？頭を悩ますところですが，経験的に50,000円位がちょうどいいのではないかと．なぜなら日本のクレジットカードがコンピュータの接続事情で使えないということが「ごくふつうに」起きているからです．タクシーやレストランの支払をその場で現金でしなければならないこともありえるので，30,000円ではすこし不安かなと….銀行の次にはATMでのキャッシングが便利です．ただし，意外な落とし穴が….「手数料」と決済までの「金利」です．「帰国して請求書を見てびっくり！！」これらはカード会社や銀行によって条件が異なり，変動もあります．出国前に確かめ計画的に引き出した方がお得です．ATMを使う場合にも，機械が読み取れない場合を想定すると，カードは最低2枚必要です．やれやれ，今や何をするにしても，コンピュータのご機嫌次第というところでしょうか．

En ville 街で

ボキャブラリー

un billet 札
un centime 1サンチーム（0.01ユーロ）
une banque 銀行
un bordereau de change 外貨交換証明書
un bureau de change 両替所
changer / échanger 両替する
un chèque de voyage トラベラーズチェック

une commission 手数料
un distributeur de billets ATM
un(e) employé(e) de banque 銀行員
en espèces 現金で
une pièce de monnaie 硬貨
le taux de change 為替レート

4 · À la billetterie de l'opéra ····· オペラのチケット売り場で Piste 38

Étape 1 オペラのチケット売り場のシーンです．まずは CD を聴いてみましょう．

> Je voudrais un billet pour La Traviata, s'il vous plaît.

> Pour ce soir ?

Naoko va au guichet.

> Non, pour le 4 septembre. Avez-vous encore des places à 30 euros ?

Naoko demande un ticket pour le 4 septembre.

> Elles sont malheureusement toutes vendues. Il y a encore des places, en loge de face, à 40 ou 60 euros.

La vendeuse lui dit quelles places sont encore disponibles.

> Bien, j'en prendrai une à 40 euros, s'il vous plaît.

Naoko achète un billet à 40 euros.

🔑 キーフレーズ

◇ Je voudrais une place pour *le 4 septembre / ce soir / demain soir*.
9月4日／今晩／明日の晩の席を1枚お願いします．

loge de face　　loge de côté
正面ボックス　　サイドボックス

balcon　baignoires　amphithéâtre
バルコニー　一階ボックス席　5階正面桟敷席

◇ Avez-vous encore des places à *trente* euros ?
30ユーロのチケットはまだありますか？

▶ quarante 40 / cinquante 50 /
soixante 60 / soixante-dix 70 /
quatre-vingts 80 /
quatre-vingt-dix 90 / cent 100 /
deux cents 200 /
moins de cent 100以内の

Chapitre 4 — 4 — Piste 38

> Y a-t-il une réduction étudiant ?

> Oui, mademoiselle. Montrez-moi votre carte d'étudiante, s'il vous plaît.

Naoko demande une réduction étudiant.

> À quelle heure commence la représentation ?

> À 19 heures.

Naoko demande l'heure du début de la représentation.

> Combien de temps dure la représentation ?

> Environ 4 heures. Il y a un entracte de 30 minutes.

Naoko demande combien de temps dure la représentation.

> Voici votre billet, madame !

> Merci beaucoup.

Naoko reçoit son billet.

- Les places sont malheureusement toutes vendues.
  残念ながら完売いたしました.

◇ Y a-t-il une réduction étudiant ?
学生割引はありますか？

◇ À quelle heure commence la représentation ?
開演は何時ですか？

◇ À quelle heure finit la représentation ?
終演は何時ですか？

◇ Combien de temps dure la représentation ?
上演時間は何時間ですか？

En ville 街で

4 À la billetterie de l'opéra

Piste 39

Étape 2 今度はナオコになって、オペラのチケットを購入してみましょう．

(Pour ce soir ?)

Naoko va au guichet.

Naoko demande un ticket pour le 4 septembre.

Elles sont malheureusement toutes vendues. Il y a encore des places, en loge de face, à 40 ou 60 euros.

La vendeuse lui dit quelles places sont encore disponibles.

Naoko achète un billet à 40 euros.

チケット売場で役立つ表現を覚えましょう．
応用表現

Piste 40

◇ Que donne-t-on en ce moment ?
今，何をやっていますか？

◇ Jusqu'à quand donne-t-on ce spectacle ?
この演目は何日までやっていますか？

◇ Combien coûte la place *la moins chère / la plus chère* ?
一番安い / 一番高い席はいくらですか？

◇ Y a-t-il *une réduction pour les groupes / des places debout / des entractes* ?
団体割引 / 立ち見席 / 休憩はありますか？

◇ Y a-t-il encore *des billets / des places* pour ce soir ?
まだ切符 / 今晩の席は手に入りますか？

Chapitre 4 — Piste 39

Naoko demande une réduction étudiant.

Oui, mademoiselle. Montrez-moi votre carte d'étudiante, s'il vous plaît.

Naoko demande l'heure du début de la représentation.

À 19 heures.

Naoko demande combien de temps dure la représentation.

Environ 4 heures. Il y a un entracte de 30 minutes.

Naoko reçoit son billet.

Voici votre billet, madame !

En ville 街で

◇ Il vous reste des places pour quand ?
いつの席ならありますか？

◇ Qui est à l'affiche ?
誰が出演していますか？

● Toutes les places sont vendues.
公演は完売いたしました．

◇ Quelle est actuellement la représentation à succès ?
今，人気のある芝居は何ですか？

◇ Où peut-on acheter quelque chose à boire ?
どこで飲み物は買えますか？

◇ Peut-on prendre des photos ?
写真をとってもいいですか？

◇ Où est *le vestiaire* / *la place C-3* ?
クローク / C3 の席はどこですか？

◇ Excusez-moi, c'est ma place.
すみません，ここは私の席です．

4 オペラのチケット売り場で

(イラスト1) **ナオコはチケット売り場に行きます．**
ナオコ：「ラ・トラヴィアータ（椿姫）」のチケットを1枚ください．
発券係：今晩の上演分ですか？

(イラスト2) **ナオコは9月4日上演のチケットを買いたいです．**
ナオコ：いいえ．9月4日上演のチケットです．30ユーロのチケットはまだありますか？

(イラスト3) **発券係はどのチケットがまだ購入できるかを言います．**
発券係：残念ながら30ユーロのものは完売いたしました．正面ボックス席の40ユーロのチケットか60ユーロのチケットならございます．

(イラスト4) **ナオコは40ユーロのチケットを購入します．**
ナオコ：それでは40ユーロのチケットにします．

(イラスト5) **ナオコは学生割引について尋ねます．**
ナオコ：学生割引はありますか？
発券係：もちろんです．学生証を見せてください．

(イラスト6) **ナオコは開演時間を尋ねます．**
ナオコ：開演は何時ですか？
窓口係：19時です．

(イラスト7) **ナオコは上演時間を尋ねます．**
ナオコ：上演時間は何時間ですか？
発券係：約4時間です．間に30分の休憩があります．

(イラスト8) **ナオコはチケットを受け取ります．**
発券係：こちらがチケットになります．
ナオコ：ありがとう．

Information

知ってお得なフランス情報

　窓口でドキドキしながら切符を買う醍醐味は観劇以上に興奮しますが，万が一切符が売り切れでも落胆しないでください．19世紀に建ったガルニエ宮，いわゆるパリのオペラ座は観光目的の見学が可能です．入場券は€8．で，しかもこの切符，発行日から8日以内にオルセー美術館へ行くと，そこでなんと入場料の割引があるのです！

　とはいえ，パリまで行くならやはり絶対に観たいという方，確実なのはあらかじめオペラ座のホームページで予約をなさることです．
http://www.operadeparis.fr/

　それは少々コワイという方，奥の手をひとつ．ホテルのフロントにe-mailを一本送ってみましょう．この方法はホテルの規模が大きくなるほどゲット率が上がります．超一流ホテルのコンシエルジュともなれば，当日でもなんとかしてくれるでしょう．なぜなら彼らは顧客の願いをかなえる魔法の杖をもっているからです．

En ville 街で

ボキャブラリー

*l'*amphithéâtre　劇場の5階正面桟敷席
les baignoires　一階ボックス席
le balcon　バルコニー
un ballet　バレエ
un billet　切符，チケット
une billetterie　チケット売り場
de côté　サイドの，横の
de face　正面の

un entracte　劇場の休憩時間，幕間
une loge　劇場のボックス席
un opéra　オペラ
une opérette　オペレッタ
un orchestre　劇場の1階椅子席，オーケストラ
une place　座席，席
la scène　ステージ
le vestiaire　クローク

5 À la pharmacie …… 薬局で　　Piste 41

Étape 1　今度は薬局のシーンです．まずは CD を聴いてみましょう．

> Bonjour. Que puis-je faire pour vous, madame ?

> Bonjour, je ne me sens pas bien.

Naoko ne se sent pas bien.

> Vous avez un médicament contre les maux de tête ?

Elle demande au pharmacien un médicament contre le mal de tête.

> Avez-vous de la fièvre ?

> Non.

Le pharmacien demande si Naoko a de la fièvre.

> Avez-vous des allergies ?

> Oui, je suis allergique à la poussière et aux pollens.

Le pharmacien demande si elle a des allergies.

キーフレーズ

◇ Je ne me sens pas bien.
調子が悪いのですが…．

● Avez-vous *de la fièvre / des allergies / mal quelque part / une ordonnance* ?
熱 / アレルギー / どこか痛いところ / 処方箋はありますか？

◇ Avez-vous du collyre ?
目薬はありますか？

◇ Je voudrais un médicament contre *les maux de tête / les maux d'estomac / les maux de gorge / la constipation / la diarrhée / l'insomnie / le rhume / la toux / l'urticaire* ?
頭痛 / 胃痛 / のどが痛い / 便秘 / 下痢 / 不眠症 / 風邪 / 咳 / じんましんの薬はありますか？

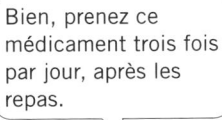

Chapitre 4 — 5 — Piste 41

> Bien, prenez ce médicament trois fois par jour, après les repas.

> Je dois prendre combien de comprimés par repas ?

> Un par repas.

Le pharmacien donne à Naoko un médicament.

Naoko demande combien de comprimés elle doit prendre.

> Pendant combien de temps ?

> Jusqu'à la disparition des symptômes. Mais pas plus d'une semaine.

> Au revoir et prenez soin de vous.

> Merci. Au revoir, monsieur.

Naoko demande combien de temps elle doit prendre les cachets.

Naoko quitte la pharmacie.

En ville 街で

◇ Je suis allergique *à la poussière / à la farine / aux pollens / aux acariens / aux œufs / à la pénicilline*.
ほこり / 小麦粉 / 花粉 / ダニ類 / 卵 / ペニシリンアレルギー体質です．

◇ Pendant combien de temps ?
いつまで（飲みつづけたらいいですか）？

● Jusqu'à la disparition des symptômes.
痛みがなくなるまでです．

... fois par jour
一日に〜回

avant / pendant / après le repas
食前 / 食間 / 食後

pas plus de ...
〜以内に

● Prenez soin de vous !
お大事に！

5 À la pharmacie

Piste 42

Étape 2 今度はナオコになって，薬局で薬を購入してみましょう．

> Bonjour. Que puis-je faire pour vous, madame ?

Naoko ne se sent pas bien.

Elle demande au pharmacien un médicament contre le mal de tête.

> Avez-vous de la fièvre ?

Le pharmacien demande si Naoko a de la fièvre.

> Avez-vous des allergies ?

Le pharmacien demande si elle a des allergies.

応用表現

薬局で役立つ表現を覚えましょう．

Piste 43

◇ J'ai mal *à la tête* / *à la main* / *à la jambe* / *à la gorge*.
頭 / 手 / 足 / のどが痛いです．

◇ J'ai des *vertiges* / *nausées*.
吐き気 / めまいがします．

◇ J'ai des problèmes cardiaques.
心臓に持病があります．

◇ Je suis asthmatique.
ぜんそくもちです．

◇ Je suis enceinte.
妊娠しています．

◇ Je me suis blessé[e].
怪我しています．

◇ Je me suis brûlé[e].
やけどしました．

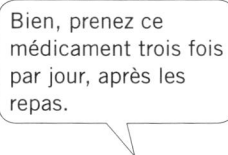

Le pharmacien donne à Naoko un médicament.

Bien, prenez ce médicament trois fois par jour, après les repas.

Naoko demande combien de comprimés elle doit prendre.

Un par repas.

Naoko demande combien de temps elle doit prendre les cachets.

Jusqu'à la disparition des symptômes. Mais pas plus d'une semaine.

Naoko quitte la pharmacie.

Au revoir et prenez soin de vous.

- Prenez le médicament *pendant les repas / avant de dormir / quand la douleur revient / toutes les ... heures*.
  食前に / 寝る前に / 痛む時に / 〜時間おきにこの薬を服用してください.

- Il vaudrait mieux aller voir un médecin.
  医者に行かれたほうがいいです.

◇ Où puis-je trouver *un médecin / un hôpital* ?
医者 / 総合病院はどこですか？

◇ Où est la pharmacie de garde, aujourd'hui ?
どこの薬局が今日の当番ですか？

◇ J'ai besoin d'une facture pour mon assurance.
保険のために領収書が必要です.

5　薬局で

- イラスト1　**ナオコは体調がすぐれません．**
  薬剤師：こんにちは．どうされましたか？
  ナオコ：こんにちは．調子が悪いのですが….

- イラスト2　**薬剤師に頭痛薬を頼みます．**
  ナオコ：頭痛の薬はありますか？

- イラスト3　**薬剤師は熱があるかどうか尋ねます．**
  薬剤師：熱はありますか？
  ナオコ：いいえ，熱はありません．

- イラスト4　**薬剤師はアレルギーがあるかどうか尋ねます．**
  薬剤師：アレルギーはありますか？
  ナオコ：はい，ほこりと花粉のアレルギーがあります．

- イラスト5　**薬剤師はナオコに薬を渡します．**
  薬剤師：それでは1日に3回，食後にこの薬を服用してください．

- イラスト6　**ナオコは何錠服用するのか尋ねます．**
  ナオコ：1回に何錠服用すればいいですか？
  薬剤師：毎回1錠です．

- イラスト7　**ナオコはどれくらいの期間，薬を服用すればいいか尋ねます．**
  ナオコ：どれくらいの間，薬を服用すればいいですか？
  薬剤師：痛みがなくなるまでです．ただし1週間以内の服用にとどめてください．

- イラスト8　**ナオコは薬局を出ます．**
  薬剤師：さようなら．お大事になさってください．
  ナオコ：ありがとう．さようなら．

Information

知ってお得なフランス情報

　少々の風邪ぐらいなら薬局のおねえさんが頼りになります．でも歩くのもつらかったら？　日本の119番に相当するのがSAMU（サミュ）15番．救命器具と医師が乗ってきます．日本だったらかかりつけのお医者さんに行くくらいかな？という状態だったら，24時間往診サービスSOS Médecinsもあります（パリ01.47.07.77.77．その他の地域はWebページで探せますhttp://www.sosmedecins-france.fr/smf_asso.asp?txtAsso=42）．しかし，もっとも安心なのはパリのアメリカン・ホスピタルAmericain hospital of Paris．日本人医師，看護師，通訳もそろった日本セクションのある総合病院で，海外旅行保険（カードの付帯保険は除く）に入っていれば，そちらに治療費の請求もしてくれます（ただし少々お高いので有名…）．救急センターもあり，心配な場合は，ぜひこちらのご利用を．

　日本語の電話 01.46.41.25.15

　https://www.american-hospital.org/index.php?id=japanese

ボキャブラリー

le mal de tête　頭痛
le mal de dent[s]　歯痛
le mal de dos　腰痛

la constipation　便秘
la grippe　インフルエンザ
la fièvre　熱
la toux　咳
la fracture　骨折
la coupure　切り傷

*l'*ambulance　救急車
*l'*ordonnance　処方箋
le gynécologue　婦人科医
*l'*ophtalmologiste　眼科医
le dermatologue　皮膚科医
le psychologue　心理カウンセラー
les heures de consultation　診察時間

le mal de gorge　のどの痛み
le mal de ventre　腹痛

la diarrhée　下痢
le rhume　風邪
le rhume des foins　花粉症
le diabète　糖尿病
les règles　生理
des vertiges　めまい

les urgences　救急医
le dentiste　歯科医
*l'*urologue　泌尿器科医
le pédiatre　小児科医
le chirurgien　外科医
*l'*assurance maladie　医療保険

En ville 街で

Grammaire

「駅」は女性，「年」には男性と女性がある…

　フランス語の名詞は必ず，**男性**か**女性**のどちらかになります．自然界の性別に従う場合（mère（母）女性，père（父）男性，fille（娘）女性，fils（息子）男性）は単純明快．しかし，たとえばenfant（子供）は，女の子でも男の子でも男性名詞です．一方，生物でない場合，たとえばtrain（電車）は男性，gare（駅）は女性．heure（時間）は女性ですが，「年」には男性名詞 an と女性名詞 année がある．名詞につく冠詞や形容詞はこの性別にしたがって選ばれます．

　「それじゃ名詞の性別を全部覚えないといけない?!」　はい，そのとおりです．とはいえ，忘れるのが「人間」．いいんです，忘れたって．ただし，次のことさえ覚えていれば….

冠詞と名詞の秘密の関係

　日本語のシステムにはない**冠詞**．フランス語にはなんてやっかいなシロモノが?!　お怒りはごもっとも．で，ちょっとお耳を拝借．名詞というのは便利なもので，アレ，コレ，ソレと指さすことなく，そこにないモノも指し示すことができるわけですけれど，それをどのようなモノとして相手に「見せ」伝えるか，これが日本語とフランス語ではちがいます．

　たとえば，「お魚」．「これからはもっとお魚を食べる」と宣言する．「買ってきたお魚を冷蔵庫に入れて」と誰かに頼む．「お魚くわえたドラ猫ぉ〜♪追っかけてぇ〜♪」と歌ってみる．日本語では全部「お魚」．しかし，よく考えるとイメージされるものは微妙にちがうのではないでしょうか？　状況にあった的確なイメージを像として結ぶ．フランス語ではそれを冠詞が手伝います．つまり自分の言っている「お魚」をどんなものとしてイメージしてほしいか，より明確になるように名詞の概念を冠詞でくるんでしまう．ラッピングして「ほらね，こんな感じで受け取って」と相手に渡す．これがフランス語の冠詞のツボなのです．

迷ったら？　とりあえずプレゼントにはラッピングをつけてみる！

冠詞のアイテムは次の三種類（**不定冠詞，部分冠詞，定冠詞**）．

	単数		複数
	男性	女性	
不定冠詞	un	une	des
部分冠詞	du (de l')	de la (de l')	—
定冠詞	le (l')	la (l')	les

＊部分冠詞の（de l'），定冠詞の（l'）という形は，後ろの母音の文字で始まる名詞が来たときの形です．

不定冠詞は，言おうとしているモノを一個，二個と数えられるものとしてイメージしてくださいというしるしです．「お魚」は **un** poisson（一匹），deux poissons（二匹），trois poissons（三匹）... で，**des** poissons（複数のお魚）になります．第3章の Grammaire でみた「ひとつの〜」というときの数詞（un, une）と不定冠詞が同じ理由はそこにあるんです．

　部分冠詞は，今度はそれを量としてイメージしてくださいというしるしです．魚は料理される段階で，うろこや内臓を取り除きます．実際に食べるのは「一匹まるまる全部 un poisson」ではありません．そこで部分冠詞をつけて **du** poisson．食べるために用意されたモノとしてお魚がイメージできます．

　定冠詞は，すでに一度話題になったものを「あの〜」として再度とりあげる，あるいは総称として「〜なるもの」というときに使います．「いただいた（あの）お魚」は一匹なら **le** poisson，複数なら **les** poissons です．

　では，練習問題．大学の研究室で助手になったつもりで考えてみてください．ノーベル賞候補の教授が講義から戻ってきました．が，なにやら考えこんでいる様子．しかし，研究室には先生を待っている学生がいます．さて，フランス語の「学生」étudiant を使って，教授にそのことを伝えようとするとき，どの冠詞を使いますか？
　正解は部分冠詞をのぞいて全部可能です．（部分冠詞を使った étudiant をイメージするとかなり怖い．部分として考えられる学生とは，いったい….）待っているのが男性で不特定の一人なら **un** étudiant，女性なら **une** étudiant**e**（女性名詞化するための e），複数なら **des** étudiants．状況が限定され，落第しそうでなんとかしてくれと昨日もやってきた「あの学生」なら **l'**étudiant，**l'**étudiante，**les** étudiants（名詞を複数にするための s）．日本語の会話の中でしたら，「学生さんがお待ちです．」という助手の言葉に，先生はまっさらな状態で「誰かな？」と考えるわけです．しかし，フランス語では，「学生さんがお待ちです．」という段階で，一人か，二人以上か，男か女か，すでに話題になっているかが問題になります．そして「**un** étudiant」といえば，男子学生全体の中から，誰だかは特定できないが「ひとりの学生が来ている」のだなと先生に伝わるのです．
　さて，問題は，不定冠詞か部分冠詞か，はたまた定冠詞か，そもそも男性だったか女性だったか…，などと迷うとき．究極の奥の手は…とりあえず「何かつける」．モノはむき出しではエチケット違反．お魚をいきなりポンと渡されたら困ってしまいますね．でも，冠詞のラッピングがしてあれば，「なんか変だ?!」と思いつつも，「ああ，そうか，そういう意味ならならコッチだね」と，受け取る側で正しい冠詞にくるみなおして理解してくれるのです．

Imagier

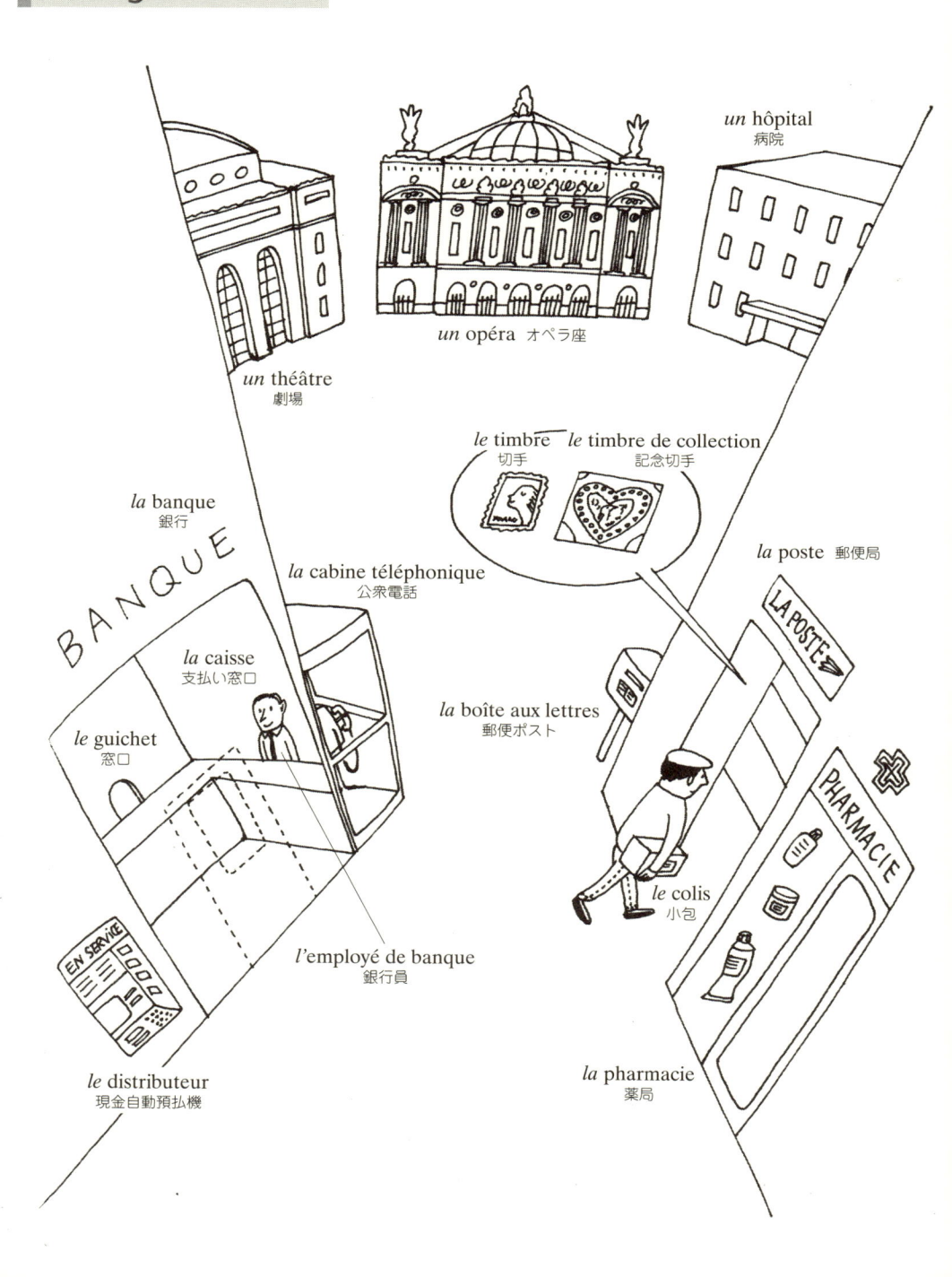

un théâtre 劇場

un opéra オペラ座

un hôpital 病院

le timbre 切手

le timbre de collection 記念切手

la banque 銀行

la cabine téléphonique 公衆電話

la poste 郵便局

la caisse 支払い窓口

la boîte aux lettres 郵便ポスト

le guichet 窓口

*l'*employé de banque 銀行員

le colis 小包

le distributeur 現金自動預払機

la pharmacie 薬局

Chapitre 5

Pistes 44 à 49

En ville   街で（2）

1   **Prendre un taxi**   タクシーに乗る

2   **Demander son chemin**   道を尋ねる

1. Prendre un taxi ...... タクシーに乗る   Piste 44

Étape 1 タクシーに乗るシーンです．まずは CD を聴いてみましょう．

> Bonjour, vous êtes libre ?

> Oui, montez, je vous en prie.

À l'arrêt des taxis.

> Vous allez où ?

> À l'hôtel Rimbaud.

Le chauffeur demande la destination.

> C'est bien rue des Rosiers ?

> Oui, c'est ça. Au 38, rue des Rosiers.

Le chauffeur vérifie l'adresse.

> Combien de temps faut-il ?

> Environ 25 minutes.

Naoko demande combien de temps dure la course.

🔑 キーフレーズ

◇ Vous êtes libre ?
いいですか（空いていますか）？

◇ C'est bien ... ?
〜ですよね？

◇ J'ai aussi des bagages.
荷物もあります．

● Vous allez où ?
どちらまで行きますか？

◇ À cette adresse.
この住所までお願いします．

◇ Combien de temps ça prend ?
= Combien de temps ça prend pour y aller ?
どのくらい時間がかかりますか？

Chapitre 5 — 1 — Piste 44

> Quoi ? Si longtemps ?

> Il y a beaucoup de circulation à cette heure-ci.

Le chauffeur explique la raison.

> Pouvez-vous mettre le chauffage, s'il vous plaît ?

> Oui, bien sûr.

Naoko demande d'allumer le chauffage.

> Vous êtes arrivée.

> Je vous dois combien ?

Naoko demande le tarif.

> 26,70 euros.

> Voilà 28 euros. Gardez la monnaie.

Naoko paie.

◇ Quoi ? Si longtemps ?
　ええー？そんなに時間かかるんですか？

◇ Pouvez-vous mettre *le chauffage* / *la climatisation* ?
　暖房／冷房をつけていただけますか？

◇ Pouvez-vous *allumer* / *éteindre* la radio ?
　ラジオをつけて／消していただけますか？

◇ Pouvez-vous vous arrêter ici ?
　ここで停めていただけますか？

● Vous êtes arrivé[e].
　着きました．

◇ Combien *ça fait* / *ça coûte* ?
　= Je vous dois combien ?
　おいくらですか？

◇ Gardez la monnaie !
　おつりは取っておいてください．

En ville 街で(2)

1 Prendre un taxi

Piste 45

Étape 2 今度はナオコになって、タクシーに乗ってみましょう．

> Oui, montez, je vous en prie.

À l'arrêt des taxis.

> Vous allez où ?

Le chauffeur demande la destination.

> C'est bien rue des Rosiers ?

Le chauffeur vérifie l'adresse.

> Environ 25 minutes.

Naoko demande combien de temps dure la course.

タクシーに乗る際に役立つ表現を覚えましょう．

応用表現

Piste 46

◇ Je voudrais aller *à cette adresse* / *à l'hôtel Concorde* / *à l'aéroport Charles de Gaulle*.
この住所 / コンコルド・ホテル / シャルル・ド・ゴール空港までお願いします．

◇ Arrêtez-vous ici !
ここで止めてください．

◇ Puis-je fumer ?
タバコをすってもいいですか？

◇ Pouvez-vous rouler plus lentement, s'il vous plaît.
もう少しゆっくり走ってください．

◇ Je suis pressé[e].
急いでいます．

Chapitre 5 — Piste 45

Il y a beaucoup de circulation à cette heure-ci.

Oui, bien sûr.

Le chauffeur explique la raison.

Naoko demande d'allumer le chauffage.

Vous êtes arrivée.

26,70 euros.

Naoko demande le tarif.

Naoko paie.

En ville 街で(2)

◇ Y a-t-il un raccourci ?
近道はありますか？

◇ Combien ça coûte jusqu'*à cette adresse / à l'hôtel Concorde / à l'aéroport Charles de Gaulle*?
= Ça coûte combien pour aller à ... ?
この住所 / コンコルド・ホテル / シャルル・ド・ゴール空港まではいくらくらいですか？

● Mettez votre ceinture, s'il vous plaît.
シートベルトを締めてください。

◇ Donnez-moi un reçu, s'il vous plaît.
領収書をください。

● Je voudrais un taxi au 38, rue des Rosiers, pour monsieur SUZUKI, s'il vous plaît.
鈴木様のために，ロジエ通り 38 番地までタクシーをお願いしたいのですが．

◇ Vous pouvez m'appeler un taxi à *une heure*, s'il vous plaît ?
1時にタクシーを手配してください．

1 タクシーに乗る

(イラスト1) **タクシー乗り場**
ナオコ：いいですか？
運転手：どうぞ．お乗りください．

(イラスト2) **運転手が行き先を尋ねます．**
運転手：どちらまで？
ナオコ：ホテル・ランボーまで．

(イラスト3) **運転手は住所を確認します．**
運転手：ロジエ通りのホテルですか？
ナオコ：そうです．ロジエ通り38番です．

(イラスト4) **ナオコは所要時間を尋ねます．**
ナオコ：だいたいどのくらいかかりますか？
運転手：25分くらいです．

(イラスト5) **運転手は道路交通状況を説明します．**
ナオコ：何ですって？そんなにも？
運転手：この時間は車が込んでいるんです．

(イラスト6) **ナオコは暖房をつけるように頼みます．**
ナオコ：暖房をつけてください．
運転手：はい．

(イラスト7) **ナオコは料金を尋ねます．**
運転手：さあ，着きました．
ナオコ：おいくらですか？

(イラスト1) **ナオコは払います．**
運転手：26ユーロ70サンチームです．
ナオコ：28ユーロ．どうぞおつりは取っておいてください．

Information

知ってお得なフランス情報

映画『Taxi』は4作まで作られ，アメリカでリメイクされるほどのヒット作．主人公のダニエルはアラブ系で，マルセイユの雰囲気をよく伝えていました．しかし，パリのタクシー・ドライバーも，ベトナム系，中国系，アフリカ系とさまざまな出身の人がいます．全部で14900台．運転手さんたちの話すフランス語もそれぞれの母語の干渉を受け，じつに多様．「ああ，国際都市」と実感するのもそんな時です．タクシーのドアをあけるときは，もちろん Bonjour ! をお忘れなく．目的地を伝えるにはやはり「大きく」紙に書いて渡した方が確実です．こういうときにホテルやレストランのカードが大活躍．S'il vous plaît. の一言を添えて渡しましょう．降りるときは Merci. だけでなく，ドアを閉めるのを忘れずに．自動ドアではないのです．また流しのタクシーはほぼ皆無．呼ぶか，タクシー乗り場まで行きます．パリでは Alpha Taxis（01 45 85 85 85）か Taxis Bleus（08 25 16 10 10）．ホテルやカフェでも呼んでくれます．安全のためにも夜遅くなったらタクシーを呼びましょう．パリ市内の最低料金は€5.70．メーターの加算は距離や時間帯によって 1km €0.82 から€1.33 まで3段階．大きい荷物が別途€1 かかり，4人目は€2.75 など別料金があります．詳しくはこちら

http://www.taxisg7.fr/

最近ではホームページをもっている運転手さんも．たとえばタクシー歴20年のダニエルさん．

http://www.taxi-parisien.info/index.php

ボキャブラリー

le chauffeur de taxi　タクシー運転手
le coffre　トランク
la monnaie　おつり
le reçu　領収書

le siège enfant　チャイルドシート
une station de taxi　タクシー乗り場
le taximètre = *le* compteur　タクシーの料金メーター

2 Demander son chemin …… 道を尋ねる　Piste 47

Étape 1 道を尋ねるシーンです．まずは CD を聴いてみましょう．

> Excusez-moi, je me suis perdue. Où se trouve la poste, s'il vous plaît ?

> Allez tout droit, puis prenez la deuxième rue à droite.

> Tout droit, puis la deuxième rue à droite, c'est ça ?

> Oui. La poste est à côté du cinéma.

Naoko demande son chemin jusqu'au bureau de poste.

Naoko confirme son chemin.

> Excusez-moi. Je cherche une banque…

> Il y en a une près de la mairie !

> Peut-on y aller à pied ?

> Oui, ce n'est pas très loin.

Naoko cherche une banque.

Naoko demande si on peut y aller à pied.

🔑 キーフレーズ

◇ Je me suis perdu[e].
　道に迷ったのですが…

◇ Allez *tout droit* / *à droite* / *à gauche*.
　ここをまっすぐに / 右に / 左に行ってください．

▶ à côté <près> / loin de
　〜の近く / 遠くに

◇ Prenez la *première* / *deuxième* / *troisième* rue.
　1つ目 /2つ目 /3つ目の通りを曲がってください．

◇ Je cherche *un bureau de change* / *un supermarché*.
　= Où puis-je trouver *un bureau de change* / *un supermarché* ?
　両替所 / スーパーマーケットを探しています．

Chapitre 5 2 **Piste 47**

> Allez tout droit et tournez à droite au prochain feu.

Le passant explique le trajet.

> Je n'ai pas bien compris. Pouvez-vous me montrer sur le plan, s'il vous plaît ?

Naoko lui demande de lui montrer sur son plan.

> Bien sûr. Nous sommes ici. Là, c'est la mairie. Juste à côté, c'est la banque.

Le passant lui montre le trajet sur le plan.

> Combien de temps faut-il pour y aller à pied ?

> Environ un quart d'heure.

> Merci bien, monsieur.

Naoko demande combien de temps cela prend à pied.

En ville 街で(2)

◇ Où se trouve *la gare / la poste* ?
= Où est *la gare / la poste* ?
駅／郵便局はどこにありますか？

◇ Peut-on y aller à pied ?
そこまで歩いて行けますか？

● Tournez *au prochain carrefour / au deuxième feu / au troisième feu*.
次の交差点／2番目の信号／3番目の信号を曲がってください．

◇ Je n'ai pas bien compris.
よく理解できませんでした．

◇ Pouvez-vous me montrer sur le plan ?
地図の上で教えていただけますか？

● Nous sommes ici.
私たちは今ここにいます．

◇ Combien de temps faut-il pour y aller à pied ?
そこまで歩いてどのくらいかかりますか？

119

2　Demander son chemin

Piste 48

Étape 2 今度はナオコになって，道を尋ねてみましょう．

Allez tout droit, puis prenez la deuxième rue à droite.

Naoko demande son chemin jusqu'au bureau de poste.

Oui. La poste est à côté du cinéma.

Naoko confirme son chemin.

Il y en a une près de la mairie !

Naoko cherche une banque.

Oui, ce n'est pas très loin.

Naoko demande si on peut y aller à pied.

応用表現

道を尋ねる際に役立つ表現を覚えましょう．

Piste 49

◇ Comment fait-on pour aller à cette adresse ?
（紙を見せながら）この住所に行くにはどうしたらいいですか？

◇ Il faut prendre *quel bus / quelle ligne de métro* ?
どのバス / 地下鉄の何番線で行けますか？

◇ *La station de métro / La gare / Le musée Picasso / La rue Cassette / L'avenue Foch*, c'est loin d'ici ?
地下鉄の駅 / 鉄道の駅 / ピカソ美術館 / カセット通り / フォッシュ大通りはここからは遠いですか？

Chapitre 5 — 2 — Piste 48

Allez tout droit et tournez à droite au prochain feu.

Le passant explique le trajet.

Naoko lui demande de lui montrer sur son plan.

Bien sûr. Nous sommes ici. Là, c'est la mairie. Juste à côté, c'est la banque.

Le passant lui montre le trajet sur le plan.

Environ un quart d'heure.

Naoko demande combien de temps cela prend à pied.

En ville 街で(2)

◇ Où on est sur le plan ?
 = Montrez-moi sur le plan où on est, s'il vous plaît.
 この地図でいうと，私たちは今どこにいるのですか？

◇ Quel est le meilleur moyen pour y aller ?
 ここへは何で行くのが一番よいですか？

2 道を尋ねる

イラスト1　ナオコは郵便局までの道を尋ねます．
　　　　　ナオコ：すみません．道に迷ったのですが，郵便局へはどうやって行けばいいですか？
　　　　　通行人：ここをまっすぐに行って，二つ目の通りを右に曲がってください．

イラスト2　ナオコは道順を繰り返して，行き方を確認します．
　　　　　ナオコ：まず，まっすぐに行って，それから二つ目の通りを右に，ということですよね．
　　　　　通行人：はい，そうです．郵便局は映画館の隣にあります．

イラスト3　ナオコは銀行がどこにあるか尋ねます．
　　　　　ナオコ：すみません．銀行を探していますが…
　　　　　通行人：市役所の近くにあります．

イラスト4　ナオコは銀行まで歩いて行けるかどうか尋ねます．
　　　　　ナオコ：そこ（銀行）まで歩いて行けますか？
　　　　　通行人：はい．そんなに遠くないですよ．

イラスト5　通行人は銀行までの道を説明します．
　　　　　通行人：まっすぐに行って，次の信号を右に曲がってください．

イラスト6　ナオコは道順を地図で教えてくれるよう尋ねます．
　　　　　ナオコ：よく理解できませんでした．地図の上で教えていただけますか？

イラスト7　通行人は地図上で道を説明します．
　　　　　通行人：もちろん．私たちは今ここにいます．ここが市役所です．すぐその隣に銀行があります．

イラスト8　ナオコは銀行まで歩いてどのくらい時間がかかるか尋ねます．
　　　　　ナオコ：そこまでは歩いてどのくらいかかりますか？
　　　　　通行人：だいたい15分かかります．
　　　　　ナオコ：ありがとうございました．

Information

知ってお得なフランス情報

　道を訊くだけでなく，パリでは道を尋ねられる機会もあります．移民大国フランスでは，アジア系のフランス人もたくさんいます．フランスの住居表示は，日本のように街区単位で何丁目〜番地と示すのでなく，通りを基本にしてそれに沿って何番目にある家という示し方をします．通りは片側が奇数，もう片側が偶数番号．街を歩くには，ページが arrondissement（区）ごとに分かれている Paris Pratique などの小さな地図が便利です．索引から通りの名前が探せます（手頃なのは €5 くらい．大きくて見やすいフォーマットもあり，新聞の売店などで簡単に手に入ります）．パリは全部で20区．75ではじまる郵便番号の下二けたが何区かを表しています．75006 という郵便番号ならその住所は6区にあります．紺地に緑の縁取りがとてもおしゃれでお土産品にもなっているパリの住所表示版．そこには区の番号と通りの名前が書かれています．あとは建物につけられた数字のプレートをたどっていけば目的地まで無事に到着できます．

En ville 街で(2)

ボキャブラリー

une avenue　大通り
un carrefour　交差点
un commissariat de police　警察署
une église　教会
un feu　信号
une gare　鉄道の駅
un hôpital　総合病院

un musée　美術館
un parc　公園
une place　広場
un pont　橋
une rue　通り
un supermarché　スーパーマーケット
une station de métro　地下鉄の駅

Grammaire

動詞の体系 1

●誰が何をするのか，構文のカギは動詞

　文章の中で動詞はとても大切です．主語と動詞，目的語と動詞の関係をちょっと見てみましょう．動詞が動作を表すなら，主語はその動作をする人（行為者）を表します．そして目的語はその動詞の行為の影響を受ける対象です．これが基本．文章が長くなると，動詞がいくつもでてきますが，重要なのは，「誰が，何をするのか」．その行為の主体となる主語と中心となる動詞を探すようにすれば，文の構造が見つけやすくなります．

　さて，5章までなにげなく使ってきた動詞ですが，ここで大まかに動詞のシステムをパノラマで見ておきましょう．動詞は，**モード（mode）と時制（temps）**の二つを組み合わせて使います．

●モードを切り替えると世界の見え方が変わる？！

　モードとは「叙法」と訳されることもありますが，普段私たちが使っているエアコンや電話などで「おやすみモード」，「留守番モード」といったりするときのあの「モード」と同じです．フランス語の動詞のモードには5つあり，**不定法，直説法，命令法，条件法，接続法**と切り替えていくわけです．まず最初に，不定法というのは辞書の見出し語になっている形で，動詞がいろいろ変化する前の，いわば「待機状態」にあるモード．つぎに，すべての基本になる**直説法**です．ちょっと大げさにいうと「世界をあるがままに記述する」モード．周囲のものを「ここに何がある」「何が動いている」「あなたは美しい」などというためのモードです．**命令法**は「目の前にいる誰かに何かをするよう，プッシュする」ためのモード．直説法現在の1～2人称「あなたは～する」「私たちは～する」「あなた方は～する」から応用します．

　ここでちょっと「世界」を映し出している3つのモニターの画面があると想像してみてください．最初のが，**直説法**，すなわち世界を実況中継しているモニターです．つぎが**条件法**のモニター．もし，世界が別の因果律で動いていると，こんなふうになっているでしょうという映像を見せています．たとえば，直説法のモニターに映っているあなたは「今，大勢の人と一緒に渋谷の交差点を横断しています」．次に条件法のモニターをのぞくと，あなたは「今，大勢のチンパンジーに交じって渋谷の交差点を横断しています」．そこに映っているのは，地球の進化の過程で，「もし，チンパンジーも人類同様の知性を得ていたら」という条件のもとに展開する「かもしれない」世界です．

　　Si les chimpanzés avaient de l'intelligence comme nous, ils **traverseraient**
　　aussi au carrefour de Shibuya.

　条件法のモードに置かれる時，動詞はすべて同じ活用語尾（-rais, -rais-, -rait, -rions, -riez, -raient）をもちます．この語尾の形，耳に響く時「r」をともなうこの音が，そこに語られているのが言語的に作られたもう一つの世界であることを示します．

　最後に**接続法**のモニターです．画面はさっきの直説法の映像と同じ「渋谷の交差点を横切っているあなた」なのですが，違ってくるのは，そこには字幕があることです．

Il faut **que je fasse des courses**.
買い物をしなくっちゃ.

　字幕と同時にもう一つの小さい画面が隅っこに開き，そこには「スーパーのかごを手に買い物している」あなたが映ります．あ，字幕が変わりました.

Bien **qu'il y ait du monde à cette heure-ci**.
この時間には人で込んでいるにちがいないとしても.

　今度は，夕方の買い物客で混雑している売り場が映っています．もう，お気づきですね．字幕の que 以下に示されている部分が，情景としてモニターの中の小さな画面に映し出されるのです．接続法の基本は「頭の中で結ばれる像としてモニターに出力する」モードです．そこで，よく「接続法は主観的」といわれるのですが，じっさい，期待したり，推測したり，危惧したりしていることとして「ある現実」を提示するにはうってつけのモードなのです．que でくくって，活用語尾を変えて，現実とはちょっと区別して見せるわけですね.
　このように直説法，条件法，接続法の3つのモードは，世界をいろいろに映し出すための切り替えスイッチなのです.

●**命令法は刹那的．過去も未来もありません.**
　さて，いずれのモードも過去と未来へ時間が広がっていきます．**命令法**をのぞいては．おや，どうして命令法には過去も未来もないのでしょう？ それは命令法が「今，目の前にいる誰かに何かをするように言う」ためのモードだからです．当たり前のようですが，命令法には「今，ここ」にいる「私とあなた」の関係しかないのです．そう考えると，命令法が，直説法現在の主語をとった形を使うのは当然と言えば当然．タクシーに「乗る」ときの動作，monter という動詞は次のように活用します.

直説法現在		命令法	
tu mont**es**	あなた，乗ります	Mont**e***	乗って
nous mont**ons**	私たち，乗ります	Mont**ons**	乗りましょう
vous mont**ez**	あなた（方），乗ります	Mont**ez**	どうぞお乗りなさい

＊単数の活用語尾が -e, -es, -e となる動詞（-er 動詞，第一群規則動詞）と aller の場合，命令法にする時，二人称単数 tu の語尾の s が消えます．aller : tu vas → Va ; nous allons → Allons ; vous allez → Allez

Imagier

l'hôpital 総合病院

la gare 駅

la fontaine 噴水

le marché 市場

l'école 学校

la zone piétonne 歩行者専用区域

le cabinet médical 病院

l'arrêt de bus バス乗り場

le supermarché スーパー

le passage piétons 横断歩道

la librairie 本屋

la boulangerie パン屋

le carrefour 交差点

la deuxième rue 二つ目の通り

l'arrêt de taxi タクシー乗り場

là-bas あそこ

le feu 信号

la première rue 一つ目の通り

à gauche 左側に

à droite 右側に

ici ここ

Chapitre 6

Pistes 50 à 58

Au restaurant　レストランで

---

1 Commander 注文

2 L'addition 支払い

3 Au café カフェで

1. Commander …… 注文

Piste 50

Étape 1 レストランでの注文のシーンです．まずは CD を聴いてみましょう．

> Bonsoir, messieurs dames.
> Voici la carte.

Le garçon donne la carte.

> Vous prendrez un apéritif ?

Le garçon demande les boissons pour l'apéritif.

> Oui, une bière, s'il vous plaît.

> Pour moi, une eau minérale, s'il vous plaît.

Naoko et Shigeru commandent les boissons pour l'apéritif.

> Vous avez choisi, messieurs dames ?

Naoko appelle le garçon pour commander.

🔑 キーフレーズ

- Vous avez choisi ?
  - = Puis-je prendre votre commande ?
  - = Qu'est-ce que vous prendrez ?
  - = Qu'est-ce que ce sera ?

  ご注文は何になさいますか？

- Vous prendrez *un apéritif* / *un dessert* / *un café* ?
  - = Vous voulez *un apéritif* / *un dessert* / *un café* ?

  食前酒 / デザート / コーヒーはいかがですか？

- Et comme boisson ?
  - = Qu'est-ce que vous prendrez comme boisson ?
  - = Que voudriez-vous prendre comme boisson ?

  飲み物は何になさいますか？

Chapitre 6 — 1 — Piste 50

> Oui, je prendrai un potage, une quiche et une salade.

> Et pour moi, un steack frites et un plateau de fromages, s'il vous plaît.

Naoko commande. **Shigeru commande.**

> Pourrais-je aussi avoir un peu de salade avec le steack, s'il vous plaît ?

> Oui, bien sûr, monsieur.

> Voici vos entrées ! Bon appétit, messieurs dames.

Shigeru demande un peu de salade.  **Le garçon apporte les plats.**

◇ Je prendrai ...
　= ..., s'il vous plaît.
　= Pour moi, (ce sera) ...
　= Je voudrais ...
　= J'aimerais prendre ...
　= Donnez-moi ...
　= Pourrais-je avoir ...
　〜をください.

● Bon appétit !
　おいしく召し上がれ！

◇ Oui, bien sûr.
　ええ，もちろん．

Au restaurant レストランで

1 Commander

Piste 51

Étape 2 今度はナオコになって，注文してみましょう．

Bonsoir, messieurs dames.
Voici la carte.

Vous prendrez un apéritif ?

Le garçon donne la carte.

Le garçon demande les boissons pour l'apéritif.

Oui, une bière, s'il vous plaît.

Vous avez choisi, messieurs dames ?

Naoko et Shigeru commandent les boissons pour l'apéritif.

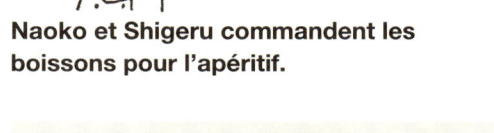

Naoko appelle le garçon pour commander.

レストランで役立つ表現を覚えましょう．

応用表現

Piste 52

◇ Je n'ai pas encore choisi.
まだ決めていないのです / 今考えているところです．

◇ Qu'est-ce que c'est ?
どんな料理ですか？

◇ Je voudrais ceci, s'il vous plaît.
(指でメニューを指して) これにします．

◇ Quelle est la spécialité de *la maison* / *la région* ?
このレストラン / 土地の名物料理は何ですか？

◇ Quel est le plat du jour ?
今日のおすすめのメイン・ディッシュは何ですか？

◇ La même chose, s'il vous plaît.
同じものをください．(他の人の頼んだものを指さして)

Chapitre 6 — 1 — Piste 51

Naoko commande.

> (bulle vide)

Shigeru commande.

> Et pour moi, un steack frites et un plateau de fromages, s'il vous plaît.

Shigeru demande un peu de salade.

> Pourrais-je aussi avoir un peu de salade avec le steack, s'il vous plaît ?

> Oui, bien sûr, monsieur.

Le garçon apporte les plats.

> Voici vos entrées ! Bon appétit, messieurs dames.

◇ Avez-vous *des menus / quelque chose de léger / des plats pas trop salés / des plats pas trop gras* ?
コースメニュー / 軽くてさっぱりした料理 / 減塩の料理 / 低脂肪の料理はありますか？

● Quelle cuisson ?
焼き加減はどのようにしますか？

    bien cuit   à point   saignant
    ウエルダン   ミディアム   レア

◇ Je peux changer ma commande ? Je peux annuler ceci et prendre cela ?
注文を変更したいのですが… これをやめて，こっちにしていいですか？

◇ Du *sel / poivre / sucre / lait*, s'il vous plaît ! 塩 / こしょう / 砂糖 / ミルクをください．

◇ Est-ce cuisiné avec *des œufs / du lait* ?
卵 / 牛乳は入っていますか？

● Je suis désolé, mais nous n'en avons plus. 申し訳ありません．売り切れです．

Au restaurant レストランで

1 注文

(イラスト1) ウェーターがメニューを持ってきます．
ウェーター：こんばんは．メニューをどうぞ．

しばらくして…

(イラスト2) ウェーターが食前酒の注文を取りに来ます．
ウェーター：食前酒はいかがですか？

(イラスト3) ナオコとシゲルは食前酒を注文します．
シゲル　　：僕には生ビールをください．
ナオコ　　：私にはミネラルウォーターをください．

(イラスト4) ナオコが料理を注文するために，ウェーターを呼びます．
ウェーター：ご注文は何になさいますか？

(イラスト5) ナオコは注文します．
ナオコ　　：私はポタージュとキッシュとサラダにします．

(イラスト6) シゲルが注文します．
シゲル　　：僕にはステーキとフライドポテトとチーズの盛り合わせをお願いします．

(イラスト7) シゲルは付けあわせができるかウェーターに尋ねます．
シゲル　　：ステーキにグリーンサラダ少しつけていただけますか？
ウェーター：もちろん．

(イラスト8) ウェーターが料理を持ってきます．
ウェーター：さあ，どうぞ．ご注文の前菜でございます．おいしくお召し上がりください．

Information

知ってお得なフランス情報

うまし国フランスのメニューには目がくらくらするほど美酒の数々…とはいえ，アルコールが苦手の場合は無理をせず，シャンペンのかわりにペリエなどのミネラル・ウオーターではじける泡沫を楽しみましょう．何の料理を選ぶかは，いくら時間をかけてもかまいません．ところで，日本でも「ウェーター！」なんて呼ばないのと同様に，Garçon ! などと呼びつけるのはエレガントではありません．それはおなかのせり出したオジサンたちにまかせ，Monsieur と落ち着いた声で呼んでみましょう．Oui, Madame ? / Oui, Monsieur ? の返事とともに，手厚いおもてなしが約束されます．

ボキャブラリー

l' entrée　前菜
l' assortiment　盛り合わせ
les plats froids　冷たい料理
la soupe　スープ
　le potage　ポタージュ
la salade　サラダ
le plat principal　メインディッシュ
　le plat de poisson　魚料理
　le plat de viande　肉料理
le plat végétarien　ベジタリアン料理
les pâtes　パスタ
le gratin　グラタン
le dessert　デザート
　la glace　アイスクリーム
les boissons　飲み物
les boissons chaudes　温かい飲み物
　l' apéritif　食前酒
　le digestif　食後酒
　le vin rouge　赤ワイン
　le vin blanc　白ワイン
　les boissons non alcoolisées　ソフトドリンク

avec / sans　つき・なし
crème　生クリーム
lait　牛乳
mayonnaise　マヨネーズ
moutarde　からし
œuf[s]　卵
sucre　砂糖

à la...　〜風の
cru[e]　生の
cuit[e] à la vapeur　蒸した
cuit[e] au four　オーブンで焼いた
farci[e]　詰め物した
frit[e]　揚げた
fumé[e]　燻製にした
grillé[e]　グリルした
mariné[e]　マリネした
mitonné[e]　とろとろと煮た
rôti[e]　焼いた

Au restaurant　レストランで

2　L'addition …… 支払い　　Piste 53

Étape 1　レストランでの支払いのシーンです．まずは CD を聴いてみましょう．

- Ça vous a plu ?
- Oui, merci, c'était délicieux.

À la fin du repas.

- Voulez-vous un dessert ?
- Non, merci. Seulement un café, s'il vous plaît.

Le garçon demande s'ils veulent autre chose.

- L'addition, s'il vous plaît.

Shigeru et Naoko demandent l'addition.

- Nous voudrions payer séparément…
- Bien, monsieur !

Shigeru demande à payer séparément.

キーフレーズ

◇ L'addition, s'il vous plaît.
　お勘定をお願いします．

◇ C'était *délicieux / fade / froid / trop salé / trop sucré*.
　とても美味しかった / 味がなかった / 冷たかった / 塩辛すぎた / 甘すぎた．

◇ Seulement *un café / deux cafés / un café au lait / un déca / un thé / un thé au lait / un thé au citron*, s'il vous plaît.
　エスプレッソを 1 杯 /2 杯 / カフェオレ / カフェインレスコーヒー / 紅茶 / ミルクティー / レモンティーだけをください．

◇ Nous voudrions payer séparément.
　別々に払いたいのですが….

Chapitre 6 - 2 — Piste 53

> Pour monsieur, une bière, un steack frites et un plateau fromages.

Le garçon énumère les plats de Shigeru.

> Cela vous fait 27 euros 60, s'il vous plaît.

> Je peux payer par carte ?

> Oui, bien sûr, monsieur.

Shigeru paye sa part.

> Et pour madame, ce sera 17 euros 80.

> Voilà 20 euros.

Naoko paye sa part.

> Merci bien, madame. Voici votre monnaie... Au revoir, messieurs dames.

> Au revoir.

Le garçon lui rend la monnaie.

◇ Voulez-vous ... ?
　= Voudriez-vous ... ?
　= Prendrez-vous ... ?
　〜はいかがですか？

● Cela vous fait ....
　= Ce sera ....
　= Ça fait .....
　= Ça vous fera ....
　〜という金額になります．

◇ Je peux payer par carte ?
　クレジットカードで払えますか？

● Voici votre monnaie.
　こちらはおつりです．

Au restaurant レストランで

2 L'addition
Piste 54

Étape 2 ナオコとシゲルになって，支払いをしてみましょう．

Ça vous a plu ?

À la fin du repas.

Voulez-vous un dessert ?

Le garçon demande s'ils veulent autre chose.

Shigeru et Naoko demandent l'addition.

Bien, monsieur !

Shigeru demande à payer séparément.

応用表現

支払いのときに役立つ表現を覚えましょう．

Piste 55

◇ Où faut-il payer ?
どこで払うのですか？

● Je vous apporte l'addition tout de suite.
すぐに明細をお持ちします．

◇ Je n'ai pas commandé ça !
（指差しながら）これを注文していません．

◇ Je vous invite.
私がおごります．

◇ Je paye tout.
私がまとめて払います．

◇ *Donnez-moi / Puis-je avoir* une facture, s'il vous plaît.
領収書をいただけますか？

Chapitre 6 — 2 — Piste 54

> Pour monsieur, une bière, un steack frites et un plateau fromages.

> Cela vous fait 27 euros 60, s'il vous plaît.

> Oui, bien sûr, monsieur.

Le garçon énumère les plats de Shigeru.

Shigeru paye sa part.

> Et pour madame, ce sera 17 euros 80.

> Merci bien, madame. Voici votre monnaie… Au revoir, messieurs dames.

Naoko paye sa part.

Le garçon lui rend la monnaie.

◇ Vous acceptez cette carte de crédit ?
このクレジットカードで払えますか？

◇ Où dois-je signer ?
どこにサインしますか？

◇ Gardez la monnaie !
おつりは取っておいてください.

◇ Pouvez-vous vérifier, s'il vous plaît ?
もう 1 回計算し直していただけますか？

◇ À quoi correspond ce montant ?
この料金は何ですか？

◇ Je crois que vous vous êtes trompé[e].
（計算・おつりが）違うようですが….

Au restaurant レストランで

2　支払い

(イラスト1)　**食後**
ウェーター：いかがでしたか？（＝食事はお済みですか？）
ナオコ　　：はい．ありがとう．とてもおいしかったです．

(イラスト2)　**ウェーターが他に注文はないか尋ねます．**
ウェーター：デザートはいかがですか？
シゲル　　：いいえ，結構です．コーヒーだけをください．

(イラスト3)　**シゲルとナオコは会計を頼みます．**
シゲル　　：お勘定をお願いします．

(イラスト4)　**シゲルは別々での支払いと言います．**
シゲル　　：別々に払いたいのですが…
ウェーター：かしこまりました．

(イラスト5)　**ウェーターはシゲルが注文したものを言います．**
ウェーター：お客様は生ビールとステーキとフライドポテトとチーズの盛り合わせですね．

(イラスト6)　**シゲルが支払います．**
ウェーター：27ユーロ60サンチームになります．
シゲル　　：カードで払いたいのですが…
ウェーター：はい，承ります．

(イラスト7)　**ナオコが支払います．**
ウェーター：こちらは17ユーロ80サンチームになります．
ナオコ　　：はい，それじゃ20ユーロね．

(イラスト8)　**ウェーターがおつりを渡します．**
ウェーター：ありがとうございました．お客様のおつりです．さようなら．
ナオコ　　：さようなら．

Information

知ってお得なフランス情報

　食事を堪能し，いざ支払．お勘定はテーブルでします．カード払の場合にはギャルソンが小さな読み取り機をもってきます．基本的に勘定書きには TTC あるいは Service compris とあれば，チップはいりません．とはいえ，楽しく過ごさせてもらった場合には，気持ちとして少々の「心付け」を．centime 硬貨では気が引けるので，ユーロ硬貨はいくつか用意しておきます．

　靴さえきれいに磨いてあれば，ドレスコードはあまり気にしなくてよいものですが，お店の客筋に合わせると，まるで昔からのなじみ客になった気分でくつろげます．Au revoir としみじみ心からいえるような，そんなお食事をしたいものです．

ボキャブラリー

les boissons　飲み物
　le thé　紅茶
　le café　コーヒー
　*l'*eau minérale　ミネラルウォーター
　le jus de pomme　りんごジュース
　le coca-cola　コーラ
　le champagne　シャンパン

　le chocolat chaud　ココア
　le jus d'orange　オレンジジュース
　la limonade　レモネード
　le rosé　ロゼワイン
　la bière　ビール
　le vin　ワイン

*l'*auberge　宿屋，オーベルジュ
le bar　バー
le bistro　ビストロ
la brasserie　居酒屋，ビアガーデン，ブラッセリー

le fastfood　ファーストフード
le glacier　アイスクリームパーラー
le self-service　セルフサービスレストラン

Au restaurant　レストランで

3 Au café ······ カフェで　　　　Piste 56

Étape 1 カフェのシーンです．まずは CD を聴いてみましょう．

> On s'assoit en terrasse ?
> C'est libre.

> Bonjour, mesdemoiselles.

> Qu'est-ce que je vous sers ?

> Un expresso et un croque-madame, s'il vous plaît.

Naoko et Yoshie vont au café. 　　　**Naoko passe sa commande.**

> Pour moi, un thé et une part de tarte aux pommes, s'il vous plaît.

> On peut aussi avoir de l'eau, s'il vous plaît ?

> Oui, bien sûr. Eau minérale ou en carafe ?

> Donnez-nous une demi-bouteille de Vittel !

Yoshie passe sa commande.　　　**Naoko demande de l'eau.**

🔑 キーフレーズ

- Qu'est-ce que je vous sers ?
  何なさいますか？

◇ On peut avoir *une carafe d'eau / deux cafés / du sucre / un couteau / une nouvelle cuillère / une autre cuillère / une autre assiette*?
カラフェに入れた水道水 / エスプレッソを2杯 / 砂糖 / ナイフを1つ / スプーンを1つ / スプーンをもう1つ / お皿をもう1ついただけますか？

◇ On s'assoit *en terrasse / à côté de la fenêtre / au fond* ?
（カフェの）テラスの方 / 窓際の方 / 奥の方へ座りましょうか？

Chapitre 6 — 3 — Piste 56

Le garçon apporte leur commande.

- L'expresso et le croque-madame, c'est pour qui ?
- Pour moi, s'il vous plaît.

Naoko invite Yoshie.

- 12 euros 80, s'il vous plaît.
- Laisse, Yoshie ! Je t'invite.

Naoko paie.

- Voilà 13 euros. Gardez la monnaie.
- Merci beaucoup.

Un peu plus tard, elles commandent à nouveau.

- Garçon, s'il vous plaît.
- Oui. J'arrive tout de suite, mesdemoiselles.
- Deux cafés.

Au restaurant レストランで

◇ Donnez-nous ...
　私たちに〜をください.

◇ Donnez-moi ...
　私に〜をください.

◇ Je t'invite.
　私がごちそうします.

● J'arrive tout de suite.
　すぐにうかがいます.

une bouteille de ...　〜のボトルを一本
une demi-bouteille de ...
　　　　　　　　　　〜のハーフボトルを一本
un verre de ...　〜のグラスを一杯
une part de ...　〜の一切れ

141

3　Au café

Piste 57

Étape 2　ナオコになって，カフェで注文してみましょう．

Bonjour, mesdemoiselles.

Qu'est-ce que je vous sers ?

Naoko et Yoshie vont au café. 　　**Naoko passe sa commande.**

Pour moi, un thé et une part de tarte aux pommes, s'il vous plaît.

Oui, bien sûr. Eau minérale ou en carafe ?

Yoshie passe sa commande.　　**Naoko demande de l'eau.**

カフェで役立つ表現を覚えましょう．
応用表現
Piste 58

◇ Je voudrais boire quelque chose.
　飲み物だけでいいですか？

◇ Vous avez quelque chose à grignoter ?
　軽食は何かありますか？

● On vous sert ?
　= On s'occupe de vous ?
　もうご用は承っておりますか？

◇ Où sont les toilettes ?
　トイレはどこですか？

● Cette table est réservée.
　このテーブルは予約済です．

Chapitre 6 3 Piste 57

L'expresso et le croque-madame, c'est pour qui ?

12 euros 80, s'il vous plaît.

Le garçon apporte leur commande.

Naoko invite Yoshie.

Merci beaucoup.

Oui. J'arrive tout de suite, mesdemoiselles.

Naoko paie.

Un peu plus tard, elles commandent à nouveau.

Au restaurant レストランで

◇ J'ai renversé mon café.
コーヒーをこぼしてしまいました.

◇ Je n'ai toujours pas été servi.
注文したものがまだ来ていません.

◇ Je suis désolé[e], mais j'ai cassé un verre.
本当にすみません. グラスを割ってしまいました.

◇ Excusez-moi, mais j'avais demandé *un café au lait / un jus d'orange / un cappuccino / un thé glacé / un thé au citron*.
頼んだのは, カフェオレ / オレンジジュース / カプチーノ / アイスティー / レモンティーなんです.

143

3　カフェで

- イラスト1　**ヨシエとナオコは席を探します．**
  - ナオコ　　：テラスは空いてますよ．ここに座りましょう．
  - ウェーター：こんにちは．

- イラスト2　**ナオコが注文します．**
  - ウェーター：何になさいますか？
  - ナオコ　　：コーヒーとクロックマダムをください．

- イラスト3　**ヨシエが注文します．**
  - ヨシエ　　：私には紅茶とアップルパイをひとつください．

- イラスト4　**ナオコがお水を頼みます．**
  - ナオコ　　：お水をいただけますか？
  - ウェーター：はい，もちろんです．ミネラルウォーターとカラフェ，どちらになさいますか？
  - ナオコ　　：ヴィッテルのハーフボトルを1つください．

- イラスト5　**ウェーターは注文を持ってきます．**
  - ウェーター：エスプレッソとクロックマダムはどちら様でしたっけ？
  - ナオコ　　：私です．

- イラスト6　**ナオコがおごります．**
  - ウェーター：12ユーロ80サンチームになります．
  - ナオコ　　：いいのよ，ヨシエ．ここは私がごちそうするわ．

- イラスト7　**ナオコが支払います．**
  - ナオコ　　：はい，13ユーロです．おつりはいりません．
  - ウェーター：どうもありがとうございました．

- イラスト8　**少し経って，二人は新たに注文します．**
  - ナオコ　　：すみません．
  - ウェーター：はい，すぐにうがいます．
  - ナオコ　　：コーヒーを2杯お願いします．

Information

知ってお得なフランス情報

17世紀にコーヒーがフランスに紹介され，パリにカフェなるものが誕生し300年以上たちます．でも，歴史的カフェは今や観光地．映画『アメリ』の舞台になったモンマルトルに近い Café des 2 Moulins もあまりに有名になりすぎたとご不満の向きは，にぎやかなバスティーユ，シックなマレ地区でお気に入りを探してみてはいかがでしょう．コーヒーに飽きたら，アラブのミント・ティーが楽しめる La Mosquée de Paris へ移動．植物園に近いモスクの中にある異国情緒たっぷりの空間です．ただし，愛煙家はご注意を．2008年1月から全面禁煙．うっかり煙草に火をつけると€68〜€450の罰金．しかし，この制度の施行後，カウンターで煙とともにたむろす人がいなくなり，ゆっくり軽食をとれる雰囲気に変わったカフェが増えました．テラスなら愛煙家も OK です．

ボキャブラリー

un café (*un* express)　エスプレッソ
un café allongé　アメリカンコーヒー
un café crème　ミルクコーヒー
la crêpe　クレープ
le gâteau au fromage　チーズケーキ
la gaufre　ワッフル
une infusion　ハーブティー

une omelette　オムレツ
un panaché　パナシェ
un panini　パニーニ
une pression　生ビール
la tarte à la fraise　イチゴのタルト
la tarte aux pommes　アップルパイ
la tarte aux pruneaux　プラムのパイ

Grammaire

動詞の体系 2

●過去に起きた出来事を表す

今朝は 7 時に起きた，顔を洗った，服を着た，地下鉄に乗った…．朝起きてからの出来事を振り返り，順番に並べてみると，いろいろな動作があることがわかります．それらのひとつひとつを「完結した出来事」として述べるときには直説法で，**複合過去**という時制が使われます．「複合」という名前にも表れているように，この過去形は **avoir**, **être** を助動詞のように使って，動詞の過去分詞と組み合わせて作ります．

●直説法複合過去の形
　avoir être の直説法現在 ＋ 動詞の過去分詞

ポイント 1：avoir を使うか，être を使うか，基準は「場所の移動に関する動作のときと代名動詞には être」と覚えましょう．場所の移動に関するのは次のような動詞です．
　　　　　　aller（行く），venir（来る），monter（上る），descendre（下る）…
　　　　　　naître（生まれる），mourir（死ぬ）．
　　　　　生も死もあの世とこの世の移動と考えれば納得です！

ポイント 2：être を使うときは，主語と過去分詞は基本的に一致しなければなりません．これは形容詞の場合と同じです．

ポイント 3：avoir を使うときの過去分詞の一致は，過去分詞になっている動詞の直接目的補語が，人称代名詞となって，avoir の前に出てきたときだけに限られます．

さて，冒頭で述べた朝からの行動を複合過去形で言ってみると，

Je me suis levé[e] à sept heures.
Je me suis lavé[e]. Je me suis habillé[e].
J'ai pris le métro. ……
Je suis arrivé[e] au bureau à huit heures et demie.

（使われている動詞は，se lever, se laver, s'habiller, prendre, arriver です．主語を友達の名前に入れ替えて練習してみてください．）

●過去の出来事にメリハリをつけて表現する

「昨日の朝，公園のベンチで男性の死体が発見されました．年齢は…，身長は…」とテレビのニュースが報道していると，玄関のベルが鳴ります．「ピンポーン」と，そこには刑事が聞き込みに！　昨日の朝の行動を聞かれたら，先ほどの要領で答えられます．すると刑事は被害者の写真を見せながら次のように質問してきました．

Vous n'**avez** pas **vu** cet homme dans ce quartier ?
この人を近くで見ませんでしたか？

見覚えのある顔です．昨日，あなたが帰宅途中，街灯の下にいました．9時頃です．

Oui, je l'**ai vu** hier au coin de la rue. Il était sous le lampadaire.
Vers neuf heures.

刑事は驚き，急いでノートします．

Vers neuf heures, il **était** encore vivant !
9時頃，彼はまだ生きていた！

さて，ここでは，2種類の過去形が使われています．この人を「見た」「見ない」に関する Vous n'**avez** pas **vu**, je l'**ai vu** は avoir を含む複合過去形です．一方，その人がどこにいたか，どういう状態だったかは動詞 être 自体が変化しています．

　Il **était** sous le lampadaire.
　Il **était** encore vivant !

この形を**半過去形**と呼び，どの動詞にも共通の語尾変化（-ais, -ais, -ait, -ions, -iez, -aient）で識別されます．

複合過去で示される過去の動作は，出来事として完結した，つまり「はじめがあって終わりがあることがはっきりしている」行為としてイメージされます．それは一回性の出来事です．それゆえに反復される可能性も秘めています．一方，半過去で示される動作というのは，その出来事が，いつ始まったのか，いつ終わったのかは問題にしていません．過去のあるとき，その動作が継続的に行われていた，いいかえるなら「その状態にあった」ことの方に焦点を合わせる表現です．この例では「見た」という出来事を言うには複合過去形，その人が「そこにいた」「生きている状態だった」ということを言うために半過去形が選ばれています．

Imagier

le gâteau au chocolat
チョコレートケーキ

le mille-feuilles
ミルフィーユ

le chou à la crème
シュークリーム

le sandwich
サンドイッチ

le pain パン

le pain au chocolat
パン・オ・ショコラ

le croque-monsieur
クロックムッシュー

le croissant
クロワッサン

la tartine
ジャムやバターをぬったフランスパン

le croque-madame
クロックマダム

la bouteille
びん

le sucre
砂糖

la serviette
ナプキン

le verre
グラス

le sel
塩

la fourchette
フォーク

*l'*assiette
皿

la cuillère
スプーン

le couteau
ナイフ

le poivre
こしょう

la carafe
カラフェ, デカンタ

le cure-dent
つまようじ

le plat du jour
本日のおすすめ

Chapitre 7
Pistes 59 à 67

Achats   買い物

① **Dans une boutique**   服売り場で

② **Au rayon des sacs**   かばん売り場で

③ **Au supermarché**   スーパーマーケットで

1 Dans une boutique ...... 服売り場で   Piste 59

Étape 1 デパートの服売り場のシーンです．まずは CD を聴いてみましょう．

> Je peux vous aider, madame ?

> Je cherche un pull-over.

> Quelle taille faites-vous ?

> Je ne connais pas ma taille française.

Naoko veut acheter un pull-over.

Le vendeur demande sa taille.

> Vous devez faire du 36. Je vais vous montrer les modèles que nous avons dans cette taille.

> Comment trouvez-vous ce pull-over blanc ?

> Ça ne me plaît pas vraiment. Je préférerais un vert.

Le vendeur guide Naoko au rayon pull-overs.

Le vendeur lui montre un modèle.

🔑 キーフレーズ

- *Je peux vous / Puis-je vous* aider ?
  お手伝いしましょうか？

- ◇ Je cherche *un pull-over / une chemise*.
  セーター / ブラウスを探しているのですが…

- Je vais vous montrer les modèles que nous avons.
  私どもの商品をお見せします．

- Quelle taille faites-vous ?
  = Quelle est votre taille ?
  サイズはいくつですか？

- ◇ Je ne connais pas ma taille française.
  フランスのサイズはわかりません．

- ◇ Comment trouvez-vous *ce chemisier / cette jupe* ?
  = Que pensez-vous de *ce chemisier / cette jupe* ?
  このブラウス / このスカートはいかがですか？

Chapitre 7 1 Piste 59

Que pensez-vous de ce modèle ?

Oui, il est ravissant. Je peux l'essayer ?

Je vous en prie. Les cabines sont au fond du magasin.

Naoko veut essayer un pull-over.

Le vendeur lui indique les cabines.

Est-ce que la taille vous va ?

C'est trop grand pour moi. Avez-vous une taille plus petite ?

Voyons. Ceci devrait vous aller.

Ça me va bien. Je le prends !

Naoko veut une taille plus petite.

Naoko prend finalement ce pull-over.

◇ Ça ne me plaît pas vraiment.
あまり気に入りません．

◇ Je préférerais un vert.
緑色の方がいいです．

◇ Je peux l'essayer ?
試着してもいいですか？

● Les cabines sont au fond du magasin.
試着室は奥にあります．

● Est-ce que cette taille vous va ?
サイズはいかがですか？

◇ Avez-vous une taille plus *petite / grande* ?
もっと小さい / 大きいサイズはありますか？

● Ceci devrait vous aller.
こちらのほうがお似合いになると思います．

◇ Ça me va bien.
これは私によく似合っています．

Rencontres 買い物

1 Dans une boutique

Piste 60

Étape 2 今度はナオコになってセーターを買ってみましょう．

Je peux vous aider, madame ?

Naoko veut acheter un pull-over.

Quelle taille faites-vous ?

Le vendeur demande sa taille.

Vous devez faire du 36. Je vais vous montrer les modèles que nous avons dans cette taille.

Le vendeur guide Naoko au rayon pull-overs.

Comment trouvez-vous ce pull-over blanc ?

Le vendeur lui montre un modèle.

応用表現

服を買う際に役立つ表現を覚えましょう．

Piste 61

◇ Je ne fais que regarder.
見ているだけです．

◇ Pouvez-vous me montrer *la veste / le pantalon / le pull / la paire de chaussures* qui est en vitrine ?
ショーウィンドーに飾ってあるジャケット／ズボン／セーター／靴を見せてください．

Naoko veut essayer un pull-over.

Que pensez-vous de ce modèle ?

Je vous en prie. Les cabines sont au fond du magasin.

Le vendeur lui indique les cabines.

Est-ce que la taille vous va ?

Naoko veut une taille plus petite.

Voyons. Ceci devrait vous aller.

Naoko prend finalement ce pull-over.

◇ Avez-vous *quelque chose à ma taille / quelque chose de moins cher / un autre modèle / une autre couleur / la même chose en blanc / plus grand / plus petit* ?
私のサイズのもの / もっと安いもの / 違うモデル・形 / 他の色 / 色違いで白いの / もっと大きいの / もっと小さいのはありますか？

◇ Où sont les cabines d'essayage ?
試着室はどこですか？

◇ C'est trop *cher / petit / grand / serré / court / long / voyant / terne*.
高すぎ / 小さすぎ / 大きすぎ / きつすぎ / 短かすぎ / 長すぎ / 派手すぎ / 地味すぎです。

● Nous n'avons malheureusement pas votre taille.
残念ながらこのサイズはございません。

◇ Je vais réfléchir.
ちょっと考えてみます。

1 服売り場で

(イラスト1) ナオコはセーターを買おうと思っています．
　店員　：お手伝いしましょうか？
　ナオコ：セーターを探していますが…

(イラスト2) 店員はサイズを尋ねます．
　店員　：お客様のサイズはいくつですか？
　ナオコ：フランスのサイズはわからないのです．

(イラスト3) 店員はナオコをセーターの方へ連れて行きます．
　店員　：お客様のサイズは36だと思います．私どもの商品をお見せします．

(イラスト4) 店員はナオコにあるデザインを見せます．
　店員　：この白いセーターはいかがですか？
　ナオコ：あまり好きではありません．緑色のほうがいいのですが．

(イラスト5) ナオコはセーターを試着したいと思います．
　店員　：それではこのモデルはいかがでしょうか？
　ナオコ：はい，素敵ですね．試着してもいいですか？

(イラスト6) 店員は試着室を示します．
　店員　：もちろんでございます．試着室はあちらにございます．

(イラスト7) ナオコにはもっと小さいサイズが必要です．
　店員　：サイズはいかがですか？
　ナオコ：大きすぎるわ．もっと小さいサイズはありますか？

(イラスト8) ナオコはそのセーターを買うことにします．
　店員　：じゃあ．このサイズなら合うと思います．
　ナオコ：このセーターはぴったりだわ．これにします．

Information

知ってお得なフランス情報

　お買いものなら，年明け早々と，6月下旬に6週間続く Soldes の季節を逃す手はありません．この夏・冬のバーゲン，なんと開始時期は各知事が決定します．フライングがないように行政が厳しく監視．開始と同時にエルメスだって，30～50% Off．デパートのプランタンやギャルリー・ラファイエットは市内観光マップに10%引きのクーポンを付けていますから，それを使えばさらにお得．しかも，€175以上のお買い物は免税になります．フランスの消費税にあたる TVA は 19.6%．Soldes とクーポンとデタックスは観光客の強い味方です．次のコーナーでは免税手続きを気持ちよく済ますコツをお伝えします．乞うご期待！

ボキャブラリー

le manteau　コート
la veste　上着
le pull-over　セーター
la chemise　シャツ
le pantalon　ズボン
le costume　スーツ
la jupe　スカート
le slip / *la* culotte　パンツ
le T-shirt　Tシャツ

uni[e]　単色の
rayé[e]　ストライプの
à fleurs　花柄の

court[e]　短い
à manches longues　長袖の
grand[e]　大きい，ゆるい

le pyjama　パジャマ
les gants　手袋
le foulard　マフラー，スカーフ
les bas　ストッキング
le chapeau　帽子
la cravate　ネクタイ
les bottes　ブーツ
les chaussures　靴
les chaussettes　靴下

à carreaux　チェックの
à pois　水玉の
avec motifs　柄の

long[ue]　長い
à manches courtes　半袖の
petit[e]　小さい
serré[e]　きつい

2. Au rayon des sacs …… かばん売り場で　Piste 62

Étape 1 かばん売り場でのシーンです．まずは CD を聴いてみましょう．

- Excusez-moi, où est le rayon des sacs ?
- Ils sont au premier, madame.
- Merci.

Naoko cherche le rayon des sacs.

- Excusez-moi, êtes-vous disponible ?
- Oui, madame, que puis-je pour vous ?

Peu après, Naoko demande l'aide d'une vendeuse.

- Je m'intéresse aux sacs de la marque Vuitton.
- Avez-vous déjà décidé du modèle ?
- Non, pas encore.

Naoko veut acheter un sac de luxe.

- Ce modèle est une nouveauté. Il est très prisé.
- Ça fait combien ?
- 450 euros, madame.

Naoko demande le prix.

🔑 キーフレーズ

◇ Excusez-moi, où est le rayon *des accessoires* / *des chapeaux* / *des montres* / *des sacs*, s'il vous plaît ?
すみません，アクセサリー／帽子／時計／ズボン売り場はどこですか？

● Ils sont au *rez-de-chaussée* / *premier*.
一階／二階にあります．

◇ Je m'intéresse aux sacs de la marque …
～というブランドのかばんに興味があります（＝見たいのですが…）．

● Avez-vous déjà décidé du modèle ?
お決まりのモデル・形はございますか？

● Ce modèle est une nouveauté. Il est très prisé.
このモデルは新製品です．たいへん人気があります．

C'est trop cher pour moi. Vous n'auriez pas quelque chose de moins cher ?

Vous avez ce modèle pour 150 euros.

Vous auriez le même dans une autre couleur ?

Oui, nous en avons en noir, en bleu et en blanc.

Naoko veut un autre modèle meilleur marché.

Naoko veut le même sac dans une autre couleur.

J'en prendrai un en noir.

Bien, madame. Je vous guide vers la caisse, si vous voulez bien.

Désirez-vous payer en liquide ou par carte ?

En liquide… Pouvez-vous me faire un paquet cadeau ?

Oui, bien sûr.

Naoko choisit le sac noir.

Naoko paie à la caisse.

◇ C'est trop cher pour moi.
それは高すぎます.

◇ *Vous auriez / Vous n'auriez pas* quelque chose de moins cher ?
もう少し安いものはありませんか？

◇ J'en prendrai un[e] en *noir / blanc / beige / rose / rouge* ?
黒／白／ベージュ／ピンク／赤を１つください．

● Désirez-vous payer en liquide ou par carte ?
現金でお支払いになりますか？それともカードでお支払いになりますか？

◇ Pouvez-vous me faire un paquet-cadeau ?
プレゼント用に包装してもらえますか？

2 Au rayon des sacs

Piste 63

Étape 2 今度はナオコになってかばんを買ってみましょう．

Ils sont au premier, madame.

Oui, madame, que puis-je pour vous ?

Naoko cherche le rayon des sacs.

Peu après, Naoko demande l'aide d'une vendeuse.

Avez-vous déjà décidé du modèle ?

Ce modèle est une nouveauté. Il est très prisé.

450 euros, madame.

Naoko veut acheter un sac de luxe.

Naoko demande le prix.

買い物をする際に役立つ表現を覚えましょう．

応用表現

Piste 64

◇ Quelle est la marque ?
これは何のブランドですか？

◇ Puis-je toucher ?
手に取ってもいいですか？

◇ Vous avez un miroir ?
鏡を見せてください．

◇ Pouvez-vous me conseiller quelque chose ?
何かお勧めのものはありますか？

◇ Merci. Je voudrais réfléchir.
ありがとう．まだ決めていないので，もう少し考えたいです．

◇ Merci. Je *reviendrai* / *repasserai*.
ありがとう．また来ます．

Chapitre 7 2 Piste 63

Vous avez ce modèle pour 150 euros.

Oui, nous en avons en noir, en bleu et en blanc.

Naoko veut un autre modèle meilleur marché.

Naoko veut le même sac dans une autre couleur.

Bien, madame. Je vous guide vers la caisse, si vous voulez bien.

Désirez-vous payer en liquide ou par carte ?

Oui, bien sûr.

Naoko choisit le sac noir.

Naoko paie à la caisse.

◇ Puis-je payer par carte VISA ?
VISAカードで払えますか？

◇ Je voudrais échanger cet article.
取り替えていただきたいのですが.

◇ Peut-on commander cet article ?
注文していただけますか？

◇ Est-ce qu'il y a une garantie ?
保証は付いていますか？

◇ Pouvez-vous me donner un sac pour chaque article ?
品物の数だけ袋をもらえますか？

◇ Pouvez-vous m'envoyer cet article au Japon ?
日本に送っていただけますか？

◇ Je voudrais faire les formalités pour la détaxe.
免税の手続きをしたいのですが….

Rencontres 買い物

2 カバン売り場で

(イラスト1) ナオコはかばん売り場がどこか尋ねます．
　　　　ナオコ：すみません，かばん売り場はどこですか？
　　　　店員　：一階でございます．
　　　　ナオコ：ありがとう．

(イラスト2) その後，ナオコは店員に話し掛けます．
　　　　ナオコ：すみません，ちょっといいですか？
　　　　店員　：はい，なんでしょうか？

(イラスト3) ナオコは高級かばんを買いたいと思っています．
　　　　ナオコ：ヴィトンのかばんを買いたいのですが．
　　　　店員　：すでにお決まりのものはありますか？
　　　　ナオコ：いいえ，まだです．

(イラスト4) ナオコは値段を尋ねます．
　　　　店員　：このモデルは新製品です．たいへん人気があります．
　　　　ナオコ：いくらですか？
　　　　店員　：450ユーロです．

(イラスト5) ナオコはもっと安いのにしようと思います．
　　　　ナオコ：高いですねぇ．もっと安いのはありませんか？
　　　　店員　：こちらのモデルは150ユーロです．

(イラスト6) ナオコは他の色のがほしいと思います．
　　　　ナオコ：別の色もありますか？
　　　　店員　：はい，黒，青，白もございます．

(イラスト7) ナオコは黒いかばんを買うことにします．
　　　　ナオコ：黒を1つください．
　　　　店員　：ありがとうございます．レジへご案内します．

(イラスト8) ナオコはレジで支払います．
　　　　店員　：現金でお支払いですか？それともカードでお支払いですか？
　　　　ナオコ：現金です．プレゼント用に包装してもらえますか？
　　　　店員　：もちろん．

Information

知ってお得なフランス情報

　免税手続きは，最後に空港でハンコをもらって完了です．予想外の展開に遭遇するのもこの時．デタックスのカウンターはチェックインの場所からちょっと離れていて，係員も1人か2人．団体の長い列ができていないとも限りません．まず時間的に余裕をもって臨みましょう．次に，免税品はまとめて袋などに入れておきます．原則として書類だけでは手続きできません．係員に求められたら荷物をひっくり返してでも買ったものを出さなければなりません．また免税品は「未使用」であることも前提条件ですから，バッグ，時計などは身につけず別にしておく方がスムーズに手続きできます．つまり，右手に書類，左手に免税品，そしてにっこり Bonjour, madame / monsieur. と言って，S'il vous plaît. と全部見せてしまうのが一番なのです．たまに女性の係員が厳しいという噂も聞きますが，用意ができていて，挨拶をきちんとする限り，問題は起きません．彼女たちの「ブッチョウヅラ」は仕事上の仮面なのです．

ボキャブラリー

le magasin　店
*l'*antiquaire　アンティークショップ
le bijoutier　宝石店
le boulanger　パン屋
le fleuriste　花屋
la librairie　本屋
la (librairie-)papeterie　文房具店

le magasin de chaussures　靴屋
le magasin de jouets　おもちゃ屋
le magasin d'électro-ménager　電気屋
le magasin de souvenirs　お土産店
*l'*opticien　眼鏡屋
le pâtissier　ケーキ屋

3　Au supermarché ...... スーパーマーケットで　Piste 65

Étape 1　スーパーマーケットでのシーンです．まずは CD を聴いてみましょう．

> Excusez-moi, où je peux trouver du thé, s'il vous plaît ?

> Deux rayons plus loin, madame, à côté du coin café.

> Qu'est-ce que je vous sers, madame ?

> Donnez-moi 5 tranches de jambon et 200 grammes de pâté, s'il vous plaît.

Naoko cherche du thé.

Naoko est au rayon charcuterie.

> Autre chose, madame ?

> Non, merci. Ça ira.

> Bien, madame. Tenez.

> Je peux payer ici ?

> Non, vous devez régler à la caisse, madame.

Le vendeur demande si Naoko veut autre chose.

Naoko demande où il faut payer.

🔑 キーフレーズ

◇ Excusez-moi, où je peux trouver du thé ?
　すみません．紅茶はどのあたりにありますか？

● Vous désirez autre chose ?
　＝ Autre chose, *madame / monsieur* ?
　＝ Et avec *ça / ceci* ?
　他には？

◇ Donnez-moi / Je voudrais *cinq tranches de jambon / deux cents grammes de pâté / un kilo de pommes / une livre de haricots*.
　ハム5枚 / パテ 200 グラム / りんご 1 キロ / いんげん 500 グラムをください．

◇ Ça ira. ＝ Ce sera tout.
　以上です．結構です．

◇ Je peux payer ici ?
　支払いはここでできますか？

Chapitre 7 — Piste 65

— Combien coûte 100 grammes de ce fromage ?
— C'est 4 euros 9 les 100 grammes.

Au rayon fromages.

— Donnez-m'en 300 grammes, s'il vous plaît.
— Ce morceau fait 310 grammes : cela vous ira ?
— Oui, oui.

Naoko demande 300g de fromage.

— Cela vous fait 12,69 euros, madame.
— Je peux avoir un sac plastique, s'il vous plaît ?

À la caisse.

— Ils ne sont pas gratuits, madame. C'est 20 centimes le sac.
— Donnez m'en deux, s'il vous plaît.

Naoko achète aussi des sacs plastiques.

◇ Combien coûtent 100 grammes de ce fromage ?
このチーズ100グラムはおいくらですか？

◇ Donnez m'en *cent / deux cents / deux cent cinquante / trois cents* grammes !
それを100/200/250/300グラムください．

◇ Je peux avoir un sac plastique ?
ビニール袋をください．

● C'est 20 centimes le sac.
ビニール袋は20サンチームになります．

Rencontres 買い物

3 Au supermarché

Piste 66

Étape 2 今度はナオコになって，スーパーマーケットで買い物をしてみましょう．

Deux rayons plus loin, madame, à côté du coin café.

Naoko cherche du thé.

Qu'est-ce que je vous sers, madame ?

Naoko est au rayon charcuterie.

Autre chose, madame ?

Le vendeur demande si Naoko veut autre chose.

Bien, madame. Tenez.

Non, vous devez régler à la caisse, madame.

Naoko demande où il faut payer.

スーパーマーケットで役立つ表現を覚えましょう．

応用表現

Piste 67

◇ Avez-vous aussi ... ?
～もありますか？

● Combien en voulez-vous ?
どのくらいご入用ですか？

◇ Est-ce que c'est frais ?
新鮮ですか？

◇ Peut-on acheter à la pièce ?
ばら売りもありますか？

◇ Comment on utilise cette balance ?
この電子秤の使い方を教えてください．

◇ Ça se conserve longtemps ?
これは長く保存できますか？

Chapitre 7 — 3 — Piste 65

Au rayon fromages.

C'est 4 euros 9 les 100 grammes.

Naoko demande 300g de fromage.

Ce morceau fait 310 grammes : cela vous ira ?

À la caisse.

Cela vous fait 12,69 euros, madame.

Naoko achète aussi des sacs plastiques.

Ils ne sont pas gratuits, madame. C'est 20 centimes le sac.

◇ Vous faites la queue ?
（列に）並んでいらっしゃるのですか？

◇ Je peux passer par là pour sortir ? Je n'ai rien acheté.
買い物をしなかったので，ここを出てもいいですか？

un kilo / deux kilos　1キロ / 2キロ

cent grammes de …　〜を100グラム

un litre de …　〜を1リットル

une tranche de …　〜を1枚

un morceau de …　〜を1個

une boîte de …　〜を1箱・缶

un sachet de …　〜を1小袋・パック

une bouteille de …　〜を1瓶（大きい瓶）

un flacon de …　〜を1瓶（小さい瓶）

Rencontres　買い物

3　スーパーマーケットで

(イラスト1)　**ナオコは紅茶を探しています．**
　　　　　　ナオコ：すみません，紅茶はどのあたりにありますか？
　　　　　　店員　：ここより，2つ先の売場にあります．コーヒー売場の近くにあります．

(イラスト2)　**豚肉製品の売り場で．**
　　　　　　店員　：何にしましょう？
　　　　　　ナオコ：ハムを5枚とパテを200グラムください．

(イラスト3)　**店員はナオコに他にほしいものがあるかを尋ねます．**
　　　　　　店員　：他には？
　　　　　　ナオコ：いいえ，以上です．

(イラスト4)　**ナオコはどこで支払いできるかを尋ねます．**
　　　　　　店員　：こちらがご注文の品です．どうぞ．
　　　　　　ナオコ：支払いはここでできますか？
　　　　　　店員　：いいえ．レジで払ってください．

(イラスト5)　**チーズ売り場で．**
　　　　　　ナオコ：このチーズは100グラムいくらですか？
　　　　　　店員　：100グラムは4ユーロ9サンチームです．

(イラスト6)　**ナオコは300グラムを注文します．**
　　　　　　ナオコ：300グラムください．
　　　　　　店員　：310グラムですが，よろしいでしょうか？
　　　　　　ナオコ：いいですよ．

(イラスト7)　**レジで．**
　　　　　　店員　：12ユーロ69サンチームです．
　　　　　　ナオコ：レジ袋を1枚いただけますか？

(イラスト8)　**ナオコはレジ袋を1枚購入します．**
　　　　　　店員　：レジ袋は有料になりました．1枚20サンチームです．
　　　　　　ナオコ：2枚ください．

Information

知ってお得なフランス情報

誰に会ってもまず Bonjour！ これがフランスで快適に過ごす秘訣．スーパーのレジでも同じです．日本ではカゴごとレジの人に渡してしまいますが，フランスではレジの台がベルトコンベアで，その上にお客さんが並べます．みんな山のように買いますから，これが一仕事．全部のせたら「自分の分はここまでです」ということを示す巨大な文珍のような棒（Client suivant「次のお客さん」と書いてあります）を最後に置きます．置いてる端からレジ係の人はどんどん計算していきますので，先へ移動して今度は品物を自分で袋に詰めます．みな頑丈なエコバックを持参．支払はカードも OK です． 10 点以内の買い物は別のレジがあって，そちらに並ぶと早く済みます．

ボキャブラリー

les fruits　果物
　*l'*abricot　杏
　la banane　バナナ
　la cerise　さくらんぼ
　la fraise　いちご
　le kiwi　キウィ
　la mandarine　みかん
　le melon　メロン

　*l'*orange　オレンジ
　la pêche　桃
　la poire　洋ナシ
　la pomme　りんご
　la prune　プラム
　le raisin　ブドウ

les légumes　野菜
　*l'*ail　にんにく
　*l'*aubergine　ナス
　la carotte　にんじん
　le concombre　きゅうり
　les haricots　インゲン

　*l'*oignon　たまねぎ
　la pomme de terre　じゃがいも
　le radis　大根
　la salade　サラダ菜
　la tomate　トマト

le pain　パン
la baguette　バゲット
le pain complet　全粒粉のパン

le croissant　クロワッサン

Grammaire

名詞と一緒に使われる表現：形容詞のアレコレ

　名詞には冠詞の代わりに，まさしくそのモノを指さすための表現が頭につく場合があります．**ce** chemisier, **cette** jupe… のような「この，その，あの」というときの指示形容詞．あるいは「私の mon，あなたの ton…」という所有を表す形容詞，「どの quel」というときの疑問形容詞などがそうです．これらは機能的にモノを指し示す役目を負った形容詞です．そして次にくる名詞の性数にしたがって変化します．

　ところで，一般的なモノの様態を表す形容詞は本来，名詞の後ろに置かれます．英語との大きな違いですね．そこで，この「白い」セーターという場合，ce pull-over blanc という語順になるのです．そして「もっと小さい」サイズ une taille plus petite，「もっと大きい」サイズ une taille plus grande というときのように，後ろから修飾し，性数の一致があります．これが基本．

　しかし中には，短くて頻繁に使われるために，原則として名詞の前に来るのが定位置になっているものもあります．実はここで taille という単語といっしょに使われてる petit[e]，grand[e] が単独でつかわれるときは，名詞の前に出るのがふつうです．たとえば，une petite fleur（小さな花）un grand arbre（大きな木）．（Piste 59 の例文では，比較の plus（もっと）がついているために両方とも後ろに置かれています．）ほかにも joli[e], bon[ne], long[ue] などがあります．

　ただし，形容詞の中には，名詞の前に置かれるときと後ろに置かれるときとでは，意味が異なる場合もあります．毎年11月に解禁されるボジョレーの新酒は Beaujolais nouveau．その年の「新しい」ボジョレーワインのことです．しかし，この nouveau をあえて Beaujolais の前に持ってくると，これまでとはちがう，あるいは知られていなかったという意味での「新しい」ボジョレーワインとなります．意味の世界は底なしです….

目的語になる人称代名詞

　主語だけでなく目的語も人称代名詞に置き換えられます．人称といっても，三人称は人を指す場合だけでなく，物を指すこともできるのは主語人称代名詞と同じです．目的語になる人称代名詞は大きく二つに分類できます．直接目的語か間接目的語です．

直接目的語の形	間接目的語の形
me (m')	me (m')
te (t')	te (t')
le (l') / la (l')	**lui**
nous	nous
vous	vous
les	**leur**

形の上で注意しなければならないのは，何のことはない，三人称だけです．が，しばしば悩ましいのは，直接と間接の区別．「私に〜」「それを〜」といくら訳してみても，それは無駄な努力．フランス語では，目的語が直接か間接かを決めるのは，あなたではなく，動詞なんです．この動詞が「目的語をくっつけるなら，前置詞も一緒じゃなきゃいやじゃ！」といったら，これは何が何でも前置詞を忘れてはいけません．動詞は王様のように目的語を支配します．そして置き換えるときはこの部分がすべて間接目的語になります．たとえば

　Le vendeur lui indique les cabines.
　(Piste 59 キーフレーズ) の lui は，à Naoko．よく使われる前置詞は，à か de ですが，これもどちらを使うかは，動詞しだい．ゆめゆめ王様に逆らってはなりません．

中性代名詞 en

　「それをください」といっても，そこにあるのを全部という意味でなく，その中からしかるべき量，あるいは個数を限定したりする場合に便利なのが，この **en** という代名詞です．指し示すものの性に影響されないところから**中性代名詞**と呼ばれます．

　いろいろな色やモデルのあるバッグを前に，ナオコはそれらのなかから黒いものをひとつを選びました．

　J'**en** prendrai **un** en noir.
　(**en** は prendre の目的語．二回目に出てきている en は，代名詞ではなく，様態を表す前置詞で，「黒い色をしている」という意味になります．)
　en でそこにある同じモデルのバッグ全体を具体的に指して，その中から un ひとつ選び，en noir 黒い色と限定しているわけです．ここで話題になっているのが，sac（男性名詞）でなく，robe（女性名詞）であったなら，選びだされたひとつは une と女性形で表現されます．

　J'**en** prendrai **une** en noir.
また，un，une の代わりに個数としてほかの数字をもってくることもできます．

　J'**en** prendrai deux en noir. あるいは，対象となっているものが量として考えられるものならば，beaucoup，un peu などの表現をもってくることも可能です．Piste 65，スーパーのレジで袋を買うシーンを思い出してください．

　Donnez m'**en** deux.
　構文が少し複雑になりますが，他の代名詞（donner の間接目的語 me）との組み合わせも可能です．

Imagier

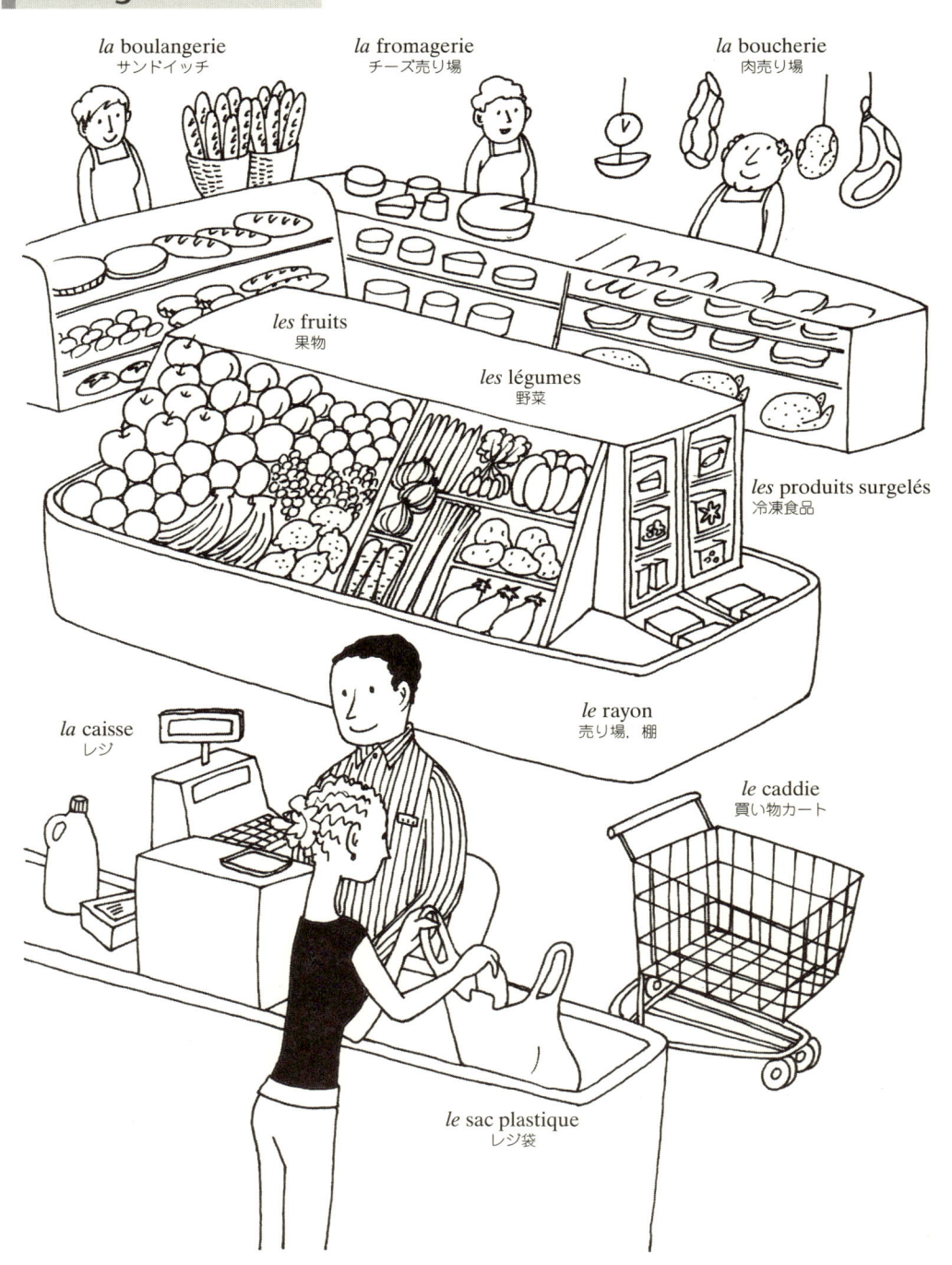

la boulangerie
サンドイッチ

la fromagerie
チーズ売り場

la boucherie
肉売り場

les fruits
果物

les légumes
野菜

les produits surgelés
冷凍食品

le rayon
売り場，棚

la caisse
レジ

le caddie
買い物カート

le sac plastique
レジ袋

Chapitre 8
Pistes 68 à 73

Rencontres 人と会う

1 **Une visite** 訪問

2 **Parler de soi** 自分について話す

1 Une visite …… 訪問

Piste 68

Étape 1 ナオコがマリの両親宅を訪ねるシーンです．まずは CD を聴いてみましょう．

Bonjour, madame Leblanc. Je suis Naoko, une amie de Marie.

Bonjour, Naoko. Entre, je t'en prie.

Salut Naoko ! Voici mon père.

Je suis heureuse de vous connaître, monsieur.

Fais comme chez toi, Naoko.

Madame Leblanc ouvre la porte.

Madame Leblanc emmène Naoko dans le salon.

Merci beaucoup de votre invitation. J'ai un petit cadeau pour vous.

Comme c'est gentil ! Il ne fallait pas.

Enlève ta veste, Naoko.

Merci, monsieur.

Naoko remercie les Leblanc pour leur invitation.

Monsieur Leblanc l'invite à enlever sa veste.

🔑 キーフレーズ

◇ Je m'appelle Naoko.
   私の名前はナオコです．

● Entrez, je vous en prie. / Entre, je t'en prie.
   どうぞ中へお入りください /（友だちに）どうぞ入って．

● Je suis heureux[-se] de vous connaître.
   お目にかかれてうれしいです．

● Voici ... = Je *vous* / *te* présente ...
   この方は〜さんです．

◇ Merci beaucoup pour votre invitation.
   お招きありがとうございます．

◇ J'ai un petit cadeau pour vous.
   あなたへのプレゼントです．

● Fais comme chez toi ! / Faites comme chez vous !
   （友だちへ）楽にして / どうぞお楽にしてください．

Chapitre 8 — Piste 68

> Assieds-toi sur le fauteuil, Naoko.

> Merci. Ne vous dérangez pas pour moi.

Monsieur Leblanc invite Naoko à s'asseoir.

> Je peux t'offrir quelque chose à boire ? Un café ou un thé ?

> Un café, s'il vous plaît.

> Pour moi aussi.

Madame Leblanc lui propose un café ou un thé.

> Mon frère n'est pas à la maison aujourd'hui. Il te passe le bonjour.

Marie transmet le bonjour de son frère.

> Alors, est-ce que Paris vous plaît ?

> Beaucoup. La ville est très intéressante.

Monsieur Leblanc demande à Naoko si elle aime Paris.

- Il ne fallait pas.
  こんなことをしていただかなくてもよかったのに.

- *Enlevez* / *Ôtez* votre veste ! / *Enlève* / *Ôte* ta veste !
  どうぞコートを脱いでください /（友だちへ）コートを脱いで.

◇ Ne vous dérangez pas pour moi.
  お気遣いありがとうございます.

- Asseyez-vous ! / Assieds-toi !
  どうぞおかけになってください /（友だちへ）座って.

- Je peux *vous* / *t'*offrir quelque chose à boire ?
  = *Vous voulez* / *Tu veux* boire quelque chose ?
  何か飲み物はいかがですか？

- Il *vous* / *te* passe le bonjour.
  彼があなたによろしくですって.

- Est-ce que Paris *vous* / *te* plaît ?
  パリはいかがですか？

1　Une visite　　　　　　　　　　　　Piste 69

Étape 2　今度はナオコになってマリの両親と話してみましょう．

Bonjour, Naoko. Entre, je t'en prie.

Salut Naoko ! Voici mon père.

Fais comme chez toi, Naoko.

Madame Leblanc ouvre la porte.

Madame Leblanc emmène Naoko dans le salon.

Comme c'est gentil ! Il ne fallait pas.

Enlève ta veste, Naoko.

Naoko remercie les Leblanc pour leur invitation.

Monsieur Leblanc l'invite à enlever sa veste.

フランス人宅を訪れる際に役立つ表現を覚えましょう．

応用表現

Piste 70

◇ Puis-je emprunter vos toilettes ?
トイレをお借りしてもよろしいですか？

◇ Cela fait longtemps.
お久しぶりです．

◇ Comment allez-vous ?
ご機嫌いかがですか？

● Très bien, merci ! / Je vais bien, merci.
とても元気です．

◇ Merci beaucoup de m'avoir invité[e].
お招きいただきありがとうございます．

◇ Puis-je vous aider ?
お手伝いできますか？

Chapitre 8 1 Piste 69

> Assieds-toi sur le fauteuil, Naoko.

> Je peux t'offrir quelque chose à boire ? Un café ou un thé ?

> Pour moi aussi.

Monsieur Leblanc invite Naoko à s'asseoir.

Madame Leblanc lui propose un café ou un thé.

> Mon frère n'est pas à la maison aujourd'hui. Il te passe le bonjour.

> Alors, est-ce que Paris vous plaît ?

Marie transmet le bonjour de son frère.

Monsieur Leblanc demande à Naoko si elle aime Paris.

◇ Ça sent bon !
いい匂いがしていますね！

◇ Ça a l'air délicieux !
おいしそうな料理ですね！

● Vous reprendrez bien un peu de ... ?
= Encore un peu de ... ?
もう少し…はいかがですか？

◇ C'est *délicieux* / *bon* !
とてもおいしい / おいしいです。

◇ C'était délicieux ! J'ai très bien mangé.
とてもおいしかったです．十分いただきました．

● Vous pouvez me tutoyer.
「tu」で呼んでいただいて結構です．

◇ Puis-je fumer ?
= Cela vous dérange si je fume ?
タバコを吸ってもいいですか？

◇ Je ne supporte pas la cigarette.
= La fumée m'importune.
タバコは我慢できません．

Rencontres 人と会う

1 訪問

- (イラスト1) ルブラン夫人がドアを開けます．
  - ナオコ　　　：こんにちは，私はナオコです．マリの友達です．
  - ルブラン夫人：こんにちは，ナオコ．どうぞ中へお入りください．

- (イラスト2) ルブラン夫人はナオコを居間に連れて行きます．
  - マリ　　　　：こんにちは，ナオコ．こちらが私の父です．
  - ナオコ　　　：お目にかかれてうれしいです．
  - ルブラン氏　：こちらこそ．

- (イラスト3) ナオコはルブラン夫妻の招待について礼を言う．
  - ナオコ　　　：お招きいただいてありがとうございます．これは（あなたへの）プレゼントです．
  - ルブラン夫人：まあ，なんてやさしいんでしょう．でもこんなことをしていただかなくてもよかったのに．

- (イラスト4) ルブラン氏はナオコのコートを受け取ります．
  - ルブラン氏　：どうぞコートをお脱ぎください．
  - ナオコ　　　：ありがとうございます．

- (イラスト5) ルブラン氏はナオコに椅子を勧めます．
  - ルブラン氏　：どうぞ椅子にお座りください．
  - ナオコ　　　：お気遣いありがとうございます．

- (イラスト6) ルブラン夫人はナオコに飲み物を勧めます．
  - ルブラン夫人：何か飲み物をいかがですか？コーヒーかあるいは紅茶のほうがいいかしら？
  - ナオコ　　　：コーヒーをお願いします．
  - マリ　　　　：私にもね．

- (イラスト7) マリは自分の兄について話します．
  - マリ　　　　：兄は今日家にいないの．あなたによろしくって．

- (イラスト8) ルブラン氏は，パリが好きかとナオコに聞きます．
  - ルブラン氏　：パリはいかがですか？
  - ナオコ　　　：気にいっています．とても興味深い町です．

Information

知ってお得なフランス情報

　よそのおうちに招かれたら，チョコレートか花が手土産としては無難です．あまり高価なものを奮発されると，かえって負担になるのは日本と同じ．昼食や夕食に招かれるほかに，Apéritif（略してApéro）に呼ばれることもあります．これは夕食ではなく，軽く飲み物とおつまみだけのお呼ばれ．Apéritifは食前酒のことですが，レストランと同じでアルコールを飲まなければいけないということはありません．目的はおしゃべりすること．何がいいかと尋ねられたら，オレンジジュースやミネラルウォーターをお願いしてもいいのです．アルコール抜きの飲み物も必ず用意されています（ただし，ウーロン茶のようなものは望めませんが…）．

ボキャブラリー

la famille　家族
les grands-parents　祖父母
la grand-mère　祖母
le grand-père　祖父
les parents　両親
le père　父
la mère　母
le fils　息子
la fille　娘
les époux, *le* couple　夫婦
le mari　夫
la femme　妻

le frère　兄／弟
la sœur　姉／妹
le petit-fils　孫（男の子）
la petite-fille　孫（女の子）
les petits-enfants　孫
*l'*oncle　おじ
la tante　おば
le cousin　いとこ
la cousine　いとこ（女）

2 Parler de soi …… 自分について話す

Piste 71

Étape 1 ナオコはいろいろなことを尋ねられます．まずは CD を聴いてみましょう．

- C'est la première fois que tu viens en France ?
- Non, je suis venue à Paris, il y a deux ans.

Monsieur Leblanc demande si Naoko est déjà venue en France.

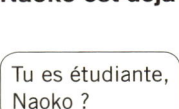

- C'était pour des vacances ?
- Non, pour un stage linguistique, pendant deux mois.

Elle explique qu'elle est venue pour un stage linguistique.

- Tu es étudiante, Naoko ?
- Oui, j'étudie la littérature française à l'université de Kyoto.

Madame Leblanc demande si elle est étudiante.

- Ah, tu viens de Kyoto ?
- Non, de Kobe. Mes parents habitent à Kobe.

Monsieur Leblanc demande d'où elle est.

🔑 キーフレーズ

- C'est la première fois que *vous venez* / *tu viens* en France ?
  フランスは初めてですか？

- C'était pour des vacances ?
  休暇でいらしたのですか？

◇ C'était pour un stage linguistique.
  語学研修のためでした．

◇ J'étudie *la littérature française* à *l'université de Kyoto*.
  京都大学でフランス文学を勉強しています．

◇ *Je viens* / *Je suis* de Kobe.
  私は神戸の出身です．

Chapitre 8 — 2 — Piste 71

> Tu as des frères et sœurs ?

> Oui, un frère aîné. Il travaille chez Sony.

Madame Leblanc demande si Naoko a des frères et sœurs.

> Ah bon ? Quel âge a-t-il ?

> Il a 27 ans.

Il demande quel âge a son frère.

> Et que font tes parents, si ce n'est pas indiscret ?

> Mon père est ingénieur et ma mère ne travaille pas.

Monsieur Leblanc demande ce que font ses parents dans la vie.

> Tu as des passe-temps ?

> Je fais de la peinture.

Monsieur Leblanc demande quels sont ses passe-temps.

- ◇ Mes parents *habitent* / *vivent* à Kobe.
  両親は神戸に住んでいます．
- ● *Tu as* / *Vous avez* des frères et soeurs ?
  ご兄弟はいらっしゃいますか？
- ◇ Il travaille chez Sony.
  彼はソニーで働いています．
- ◇ Quel âge a-t-il ? Il a 27 ans.
  彼は何歳ですか？彼は 27 歳です．
- ● Que font *tes* / *vos* parents ?
  ご両親のご職業は何ですか？
- ● ..., si ce n'est pas indiscret.
  失礼ですが，…を尋ねてもよろしいですか？
- ● *Tu as* / *Vous avez* un passe-temps ?
  = Quels sont *vos* / *tes* loisirs ?
  趣味は何ですか？

Rencontres 人と出会う

2 Parler de soi

Piste 72

Étape 2 今度はナオコになって自分について話してみましょう．

C'est la première fois que tu viens en France ?

Monsieur Leblanc demande si Naoko est déjà venue en France.

C'était pour des vacances ?

Elle explique qu'elle est venue pour un stage linguistique.

Tu es étudiante, Naoko ?

Madame Leblanc demande si elle est étudiante.

Ah, tu viens de Kyoto ?

Monsieur Leblanc demande d'où elle est.

個人的な話をする際に役立つ表現を覚えましょう．

応用表現

Piste 73

- Vous travaillez / Tu travailles ?
  = Quelle est *votre* / *ta* profession ?
  あなたは仕事をもっていますか？

- *Tu es* / *Vous êtes* marié[e] ?
  結婚していますか？

◇ Je suis *marié[e]* / *célibataire* / *divorcé[e]*.
私は結婚しています / 独身です / 離婚しています．

- *Tu as* / *Vous avez* des enfants ?
  お子さんはいらっしゃいますか？

◇ J'ai *un enfant* / *une fille* / *un fils* / *un frère* / *une sœur*.
子供 / 娘 / 息子 / 兄（弟）/ 姉（妹）一人が一人います．

Chapitre 8 — Piste 72

Tu as des frères et sœurs ?

Madame Leblanc demande si Naoko a des frères et sœurs.

Ah bon ? Quel âge a-t-il ?

Il demande quel âge a son frère.

Et que font tes parents, si ce n'est pas indiscret ?

Monsieur Leblanc demande ce que font ses parents dans la vie.

Tu as des passe-temps ?

Monsieur Leblanc demande quels sont ses passe-temps.

◇ Je n'ai pas d'enfant.
子供はいません.

◇ Je suis *fils unique* / *fille unique*.
一人息子 / 一人娘です.

◇ Voici ma carte de visite.
こちらが名刺です.

◇ J'aime bien ...
= Mon passe-temps, c'est ...
～が好きです.

aller au cinéma　映画館へ行くこと

faire du sport　スポーツをすること

faire de la peinture　絵を描くこと

faire des voyages　旅行をすること

écouter de la musique　音楽を聞くこと

lire　読むこと

surfer sur internet
ネットサーフィンすること

Rencontres 人と会う

2 自分について話す

(イラスト1)　ルブラン氏はナオコにフランスに来たことがあるか尋ねます．
　　　　　　ルブラン氏　　：フランスははじめてですか？
　　　　　　ナオコ　　　　：いいえ，2年前，パリに来ました．

(イラスト2)　ナオコは語学研修の話をしています．
　　　　　　ルブラン夫人：休暇でいらしたのですか？
　　　　　　ナオコ　　　　：いいえ，二カ月語学研修を受けました．

(イラスト3)　ルブラン夫人はナオコが学生かどうか尋ねます．
　　　　　　ルブラン夫人：あなたはまだ学生さんですか？
　　　　　　ナオコ　　　　：ええ，京都大学でフランス文学を勉強しています．

(イラスト4)　ルブラン氏はナオコの出身地を尋ねます．
　　　　　　ルブラン氏　　：ああ，京都出身なんですか？
　　　　　　ナオコ　　　　：いいえ，私は神戸出身です．両親は神戸に住んでいます．

(イラスト5)　ルブラン夫人はナオコに兄弟はいるのか尋ねます．
　　　　　　ルブラン夫人：兄弟はいますか？
　　　　　　ナオコ　　　　：はい，兄がいます．ソニーで働いています．

(イラスト6)　ルブラン氏はナオコの兄の年齢を尋ねます．
　　　　　　ルブラン氏　　：お兄さんはおいくつですか？
　　　　　　ナオコ　　　　：27歳です．

(イラスト7)　ルブラン氏はナオコの両親の職業を尋ねます．
　　　　　　ルブラン氏　　：ご両親のご職業を尋ねてもいいですか？
　　　　　　ナオコ　　　　：父は技師で，母は専業主婦です．

(イラスト8)　ルブラン夫人はナオコの趣味を尋ねます．
　　　　　　ルブラン氏　　：趣味は何ですか？
　　　　　　ナオコ　　　　：絵を描くのが好きです．

Information

知ってお得なフランス情報

さて，お呼ばれしたら，奮起したいのが会話．フランスの伝統文化であり，「芸術」でさえあります．お呼ばれするということは，あなたのことを知りたいと思っているということ．せめて自分のことを紹介できるように準備して行きたいものです．日本のことを聞かれた場合を想定して，特に数字をいくつか覚えておくと便利です．日本の総人口（cent vingt-sept millions）はフランスのおよそ 2 倍（deux fois plus nombreux que les Français），人が住める土地の面積はフランスの約 2 分の 1（la moitié de l'espace habitable de la France）．じつはフランス人は数字が大好き．話の中に数字が入ると，ふむふむと関心を引く度合がぐんとアップします．県の数は？新宿駅の一日の利用者数は？などと，行く前に考えてみると，思わぬところで日本を新発見することにもなります．

ボキャブラリー

le nom　苗字
le prénom　名前
la nationalité　国籍
*l'*adresse　住所
le numéro de téléphone　電話番号
la situation de famille　家族関係
　marié[e]　結婚している　　célibataire　結婚していない
　divorcé[e]　離婚している　　veuf / veuve　夫・妻を失った

la date de naissance　生年月日
la spécialité　大学の専攻
*l'*origine　出身
*l'*âge　年齢
la profession　職業
le passe-temps = *les* loisirs　趣味

Grammaire

人でもなく物でもないこのilは，いったい何なの？！

Il ne fallait pas.（Piste 68）あるいは
Je suis venu à Paris, **il** y a deux ans.（Piste 71）

のように，特定の人や物を指さない三人称ilの使い方があります．これを**非人称のil**と呼び，英語の仮主語に相当します．動詞によっては，このIl ne fallait pasの動詞 falloir（〜する必要がある）のように主語にこのilしかとらない場合もあります．天候を表す動詞 pleuvoir（雨が降る→ Il pleut.）や neiger（雪が降る→ Il neige.）も同様です．

On とは誰か？

ところで，しばしばフランス語には **on** が主語になっている表現があります．Piste 56 では，

On s'assoit en terrasse ? **On** peut aussi avoir de l'eau, s'il vous plaît ?

という例文が出てきます．この **on** は文法的には「三人称単数の主格」扱いですから，構文からして，それぞれ s'assoit, peut の主語になっているとわかります．が，なかなか日本語にしにくい．この **on** が使われる場合は，大きく二つに分けられます．ひとつは漠然と一般的に「人々」を指すとき，もうひとつは自分に近い人々を指すときがあります．後者の場合はうんと近くなると「私たち」nous と変わりません．会話では nous の代わりに頻繁に使われます．Piste 7の文を見直すと，最初の **on** はヨシエがナオコに「（私たちは）ここに座りましょう」と促しています．ほとんどnousです．しかし，二つ目の例文はもっと微妙で，お水を注文したいのは明らかにナオコですから，jeといってもいいくらいです．そこをあえて「（こちらでは）お水も一緒にいただけるかしら？（だったら私もそうしたいのですが）」という表現にしているわけです．お気づきですか？日本語でも，（ ）の中は言わない方が自然ですね．つまりこの **on** は「行為者が誰か」を主張しない日本語の表現と実によく似ているのです．

最後の締めくくりにいかにもフランス語らしい代名動詞のお話を

動詞によっては前置詞を必要とするなどは，英文法でも似たようなの例がありますが，**代名動詞**という「特殊な代名詞と動詞が分かちがたく組になって使われる動詞の用法」などというものは，英語にはなかったのではなかろうか…．それだけに初めて見ると「なんじゃ，コリャ？！」となってしまう摩訶不思議な動詞表現がフランス語にはあります．しかし，仕組みがわかると，なんて便利な，なんと奥の深い，美しい動詞の使い方と感動せずにはいられません．まあ，ちょっと美しいかどうかは別にして，その独特な使い方を見てみましょう．

代名動詞の構文は次のようになります．

主語＋[再帰代名詞＋代名動詞]

再帰代名詞の種類は
me (m'), te (t'), se (s'), nous, vous, se (s').
　三人称だけが，単数も，複数も同じ se．辞書の見出し語では，この se をつけて載っています．たとえば se lever（起きる）．再帰代名詞は主語の人称と一致させます．

疑問文では，**[再帰代名詞 ＋ 代名動詞]－主語？**

否定文では，**主語 ＋ ne[再帰代名詞 ＋ 代名動詞]pas**

　鍵はこの動詞の前にくっついて離れない再帰代名詞です．再帰とは読んで字のごとし，「戻ってくる」という意味になります．そこで問題は，何が，どこに戻ってくるのか？ということ．それこそが代名動詞のツボ．再帰代名詞の基本的な役割は，動詞の行為が，主語のところへ戻ってくるということを表しているのです．

　Piste 68 キーフレーズの Je m'appelle Naoko. は appeler（呼ぶ）という動詞が代名動詞として使われています．再帰代名詞 me (m') は主語と一致して，appeler という行為が，主語に帰ってくることを表している．言い換えれば私は自分で自分をナオコと呼んでいますという典型的な例です．他にも lever（起こす）から，se lever（自分の身体を起こす→起き上がる），coucher（横にする）から se coucher（自分の身体を横にする→横たわる），laver（洗う）から se laver（自分の身体を洗う）などの表現があげられます．これが典型的な代名動詞の例です．

　注意点は，動詞の行為を受けるのが主語であっても，その行為者が必ずしも主語ではない場合です．たとえば主語が複数の場合，自分も相手にその行為を行い，同時に相手からも同じ行為を受ける s'aimer（愛しあう），se battre（戦いあう）などがあります．あるいは，その行為を主語が受けるということに焦点を絞った表現 se vendre（主語は自分自身に売るという行為を受ける→売られる）．これはほとんど受動態と同じですが，行為者はまったく文面には現れません．誰がそれをするかは問題にしていないのです．最後に，再帰代名詞をともなった形でしか使われなくなっている動詞 se moquer de（からかう）などがあります．

　いずれにしても，再帰代名詞は，主語に代わって動詞の行為を受け，主語がその影響を受けることを示すためにそこにあるので，機能的には目的語に相当します．この再帰代名詞が直接目的語にあたるか間接目的語にあたるかは，やはり動詞がその行為を表現するときに前置詞を要求するかどうかにかかってきます．

Imagier

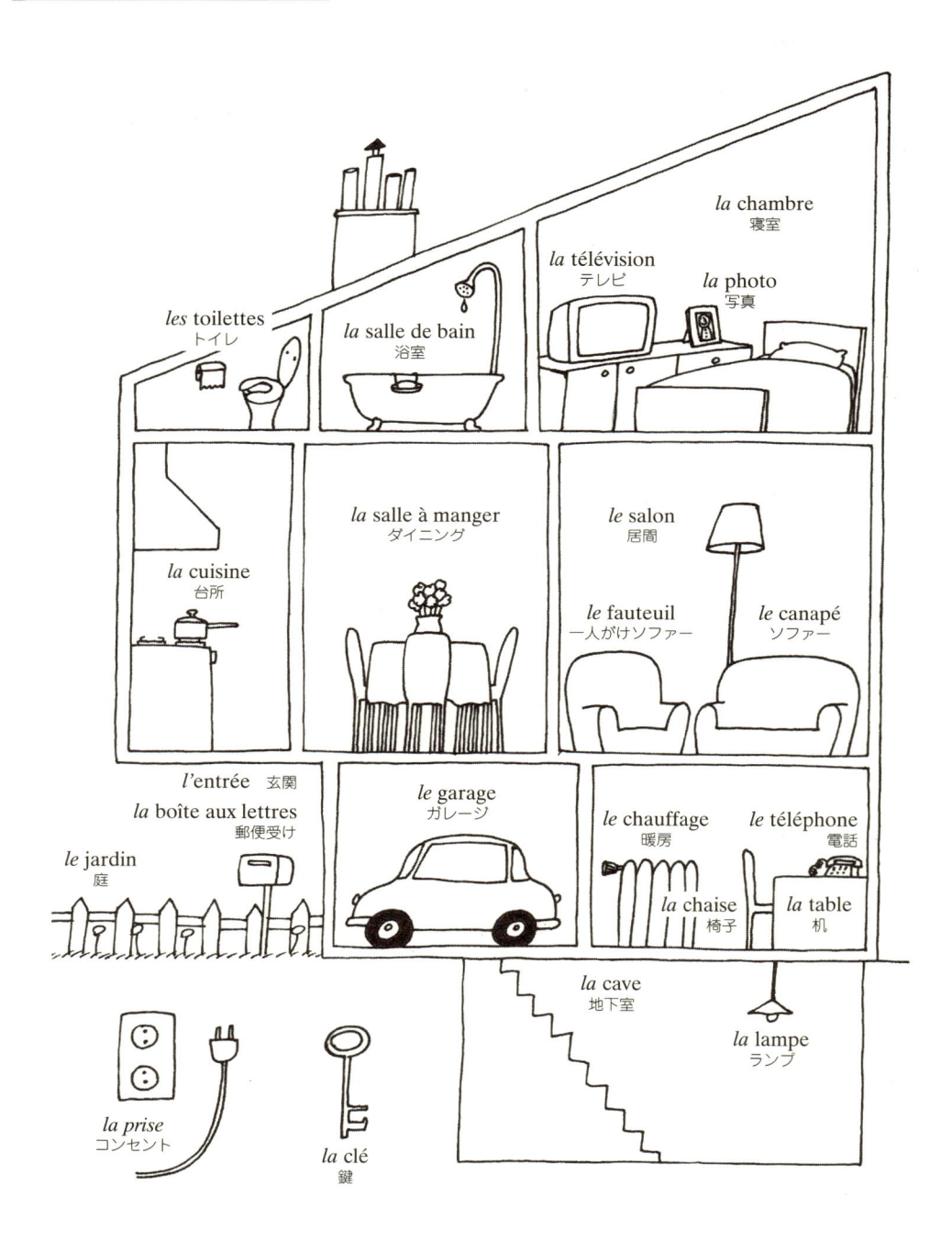

la chambre
寝室

la télévision
テレビ

la photo
写真

les toilettes
トイレ

la salle de bain
浴室

la salle à manger
ダイニング

le salon
居間

la cuisine
台所

le fauteuil
一人がけソファー

le canapé
ソファー

*l'*entrée 玄関

la boîte aux lettres
郵便受け

le garage
ガレージ

le chauffage
暖房

le téléphone
電話

le jardin
庭

la chaise
椅子

la table
机

la cave
地下室

la lampe
ランプ

la prise
コンセント

la clé
鍵

付　録

tu か vous か，それが問題だ

◆人と人との距離を語る tutoyer, vouvoyer

　じっさいにフランス語を使ってみるとなると，悩ましいのが，この tu と vous の使い分け．フランス語の二人称複数の vous は，相手が複数でない場合にも使われます．第 1 章の表現にあるように，一人しかいない相手に向かって複数の vous で呼びかけるのは，基本的には，その相手に対して「礼儀正しくする」表現です．(p. 20) いいかえると，それはある一定の距離をおくことでもあります．さぁ～て，この距離が問題．

　人と人とが接近する場合，物理的にもどこまで近づけるかは社会習慣のちがいなどによって微妙ですが，お互いの心理的な距離となると，これはもう個人個人，千差万別，ケースバイケース…．vous で測られる距離も人によってちがいます．

　ある人は，「vous なんて水くさい！」と最初から tutoyer (tu で話す)．でも，ある人は，「そんなのお行儀悪いわ…」と，しばらくは様子を見ながら vouvoyer (vous で話す)．相手の社会的な立場や地位を考慮しなければならない場合もあれば，逆もあります．年齢や，どういう場所で知り合ったかということも…．ただ，友人関係では最初から，tu で話す人が多いようです．相当年の上の人なら別ですが，あまり年齢による上下関係を意識することもありません．日本人どうしの方が，年齢による上下関係には敏感です．

　最初は vous で話していて，うちとけると互いに tu で呼び合う．それは自然な成り行きです．とはいえ，いつ切り替えるかが，これまた悩ましい．学生や同年代ならすっと切り替えられますが，大人になるといろいろありますからね．この問題は，フランス人にとっても，そう簡単に「こういう基準がありますよ」とはいえないそうです．そこで，同年代だったら，率直に自分から

　On se tutoie ? (tutoyer しましょうか？)

と訊いてみるのもいいでしょう．（そうそう，フランスでは遠慮は美徳にはならないんです！　もじもじ思い悩むより，訊いた方がたがいにすっきりする場合もあります．）相手の方が年上の場合は，ころあいをみはからって，向こうから

　On se tutoie ?

と訊いてくれますよ．それでも「いやいや，それでは目上に対して礼を失する」

と日本的な感覚でかたくなに vous を使うと，「ちょっと冷たい人…人間嫌いかも…?」と思われるかもしれません．

◆**映画でレッスンしてみましょう**

　ためらいながら，vous から tu に切り替えつつ，人間関係を深めていく．そんな典型的な場面が映画『灯台守の恋』(*L'Equipier*　2003 年) に出てきます．この映画は 1960 年代のブルターニュ，ウエッサン島を舞台にくりひろげられる大人の恋の物語．アルジェリア戦争から帰還した，元時計職人アントワーヌ (グレゴリ・デランジェール) は，ブルターニュ半島のさらに西の海に浮かぶこの島で灯台守として生きていこうとやってきます．そこはじっさい，西ヨーロッパの最果てにある島なのです．

　しかし，厳しい自然環境のなかで，共に働く灯台守たちの結束は固く，よそ者を容易に受け入れようとはしません．けれども，やむをえずアントワーヌを引き受けて，はじめは露骨にいやな顔をしていたイヴォン (フィリップ・トレトン) も，二人ひと組で海上に孤立した灯台にこもるうちに，しだいにアントワーヌの人間性に触れ，友人として心を開いていきます．それに反して，灯台守の仲間はいよいよアントワーヌへの敵意をむき出しにします．イヴォンの立場は微妙に揺れます．けれども，ある日，灯台の中でマスコットとして飼われていたネコが行方不明になったのをきっかけに，一緒に探しながら，イヴォンは意を決してアントワーヌに提案します．

　On va peut-être se tutoyer, non ? (これからは tutoyer することにしてみたらどうだろうか?)

　その直後に，灯台の狭い階段をのぼりながら話し始めると，イヴォンはうっかりまた vous と呼びかけてしまいます．それに対してアントワーヌは

　On veut pas se tutoyer ? (tutoyer するんじゃなかったのか?)　(➡ p. 60 ne の省略)

　一方，イヴォンの妻マベ (サンドリーヌ・ボネール) に運命的なものを感じ，思いを募らせていくアントワーヌは友情と恋の間で揺れ動きます．マベもまた外の世界から来たアントワーヌに強く惹かれるのです．抑えに抑えていた二人の感情は，ついに革命記念日の花火の夜にあふれ出してしまいます．当然，二人は tutoyer ?　いいえ，二人は最後まで互いに vous でしか呼び合いません．なぜなのでしょうか?　それは映画を観てのお楽しみ．

　この映画の監督フィリップ・リオレは，インタヴューに答えて，これは「出会い」の映画だと言っています．登場人物たちが築く関係がこの tu で呼ぶのか，vous で呼ぶのかによく表れています．

ところで，島をあげての革命記念日のお祭りのシーンでは，島の若い男たちとアントワーヌが殴り合いになる場面があります．このときには，たがいに tu で呼び合っているのです．あれ？　アントワーヌのこと嫌いじゃなかったの？　そのとおり．tu で話しているからと言って，親しいとは限らないのです．たとえば次のような例も….

◆ tu と呼んだからといって，親しいわけじゃない！？

　ルイ・マル監督の自伝的映画といわれる『さよなら子供たち』（*Au revoir, les enfants*, 1987 年）は，第二次世界大戦中，ドイツ軍の占領下にあるフランスで，カトリック系の寄宿学校に疎開していた裕福な家庭の少年たちとそこに名前を変えて匿われているユダヤ人の少年のお話です．この映画の冒頭で，主人公のジュリアンが疎開のためにリヨン駅で母と別れるシーンでは，母親はジュリアンに tu で呼びかけ，ジュリアンは母親に vous で答えています．もちろんこの場合，母親の tutoyer は愛情です．

　けれども，この映画の中盤に，面会に来た母親とジュリアンが，兄とユダヤ人の少年をともなって，レストランへ食事に行くシーンがあります．高級そうなそのレストランにはドイツ人の将校も来ています．この店の常連であるらしい，身なりも立派な品のいい老紳士が給仕長に勘定を頼んでいるときに，二人の義勇兵が入ってきます．義勇兵というのは自らすすんでナチス・ドイツへの協力に身を捧げているフランス人です．若い方の義勇兵がこの老紳士に身分証明書の提示を求めます．

　Vos papiers, monsieur.　（身分証を見せてください．）

　直後に，突然声を荒げて，口調が変わります．

　Dis donc toi, tu ne sais pas lire ?　（おい．おまえ．字が読めないのか？）

　vous と「丁寧に」話かけていたのに，いきなり tu に変わりました．これは親しくなったのではありませんね．身分証を見て，老人がユダヤ人であるとわかったためです．つまり，ここの tutoyer は相手を見下し「おまえ呼ばわり」しているのです．vous から tu へ変わっても，それは決して親しみが込められているとは限らないよい例です．

　映画のセリフを全部聞き取るのは慣れるまでむずかしいかもしれませんが，tu といっているのか，vous といっているのか注意していると，字幕には表れない微妙な人間関係がよくわかるようになり，映画が何倍も面白くなります．ぜひ耳を澄ましてみてください．

数字が百倍面白くなる表   注意：グレイの部分は発音しない

◆ 01~29 **Piste 74**

1	un — un euro (N)	11	onze	20	vingt
2	deux — deux euros (Z)	12	douze	21	vingt et un (T)
		13	treize	22	vingt-deux
		14	quatorze		⋮
3	trois	15	quinze	28	vingt-huit (T)
4	quatre	16	seize		
5	cinq	17	dix-sept	29	vingt-neuf
6	six	18	dix-huit (Z)		
7	sept				
8	huit	19	dix-neuf (Z)		
9	neuf				
10	dix				

◆ 30~99 **Piste 75**

30	trente	40	quarante	50	cinquante
31	trente et un (T)	41	quarante et un (T)	51	cinquante et un (T)
32	trente-deux	42	quarante-deux	52	cinquante-deux
33	trente-trois	43	quarante-trois	53	cinquante-trois
34	trente-quatre	44	quarante-quatre	54	cinquante-quatre
35	trente-cinq	45	quarante-cinq	55	cinquante-cinq
36	trente-six	46	quarante-six	56	cinquante-six
37	trente-sept	47	quarante-sept	57	cinquante-sept
38	trente-huit (T)	48	quarante-huit (T)	58	cinquante-huit (T)
39	trente-neuf	49	quarante-neuf	59	cinquante-neuf

Piste 76
60 soixante
61 soixante et un
62 soixante-deux
63 soixante-trois
64 soixante-quatre
65 soixante-cinq
66 soixante-six
67 soixante-sept
68 soixante-huit
69 soixante-neuf

70 soixante-dix
71 soixante et onze
72 soixante-douze
73 soixante-treize
74 soixante-quatorze
75 soixante-quinze
76 soixante-seize
77 soixante-dix-sept
78 soixante-dix-huit
79 soixante-dix-neuf

Piste 77
80 quatre-vingts
81 quatre-vingt-un
82 quatre-vingt-deux
83 quatre-vingt-trois
84 quatre-vingt-quatre
85 quatre-vingt-cinq
86 quatre-vingt-six
87 quatre-vingt-sept
88 quatre-vingt-huit
89 quatre-vingt-neuf

90 quatre-vingt-dix
91 quatre-vingt-onze
92 quatre-vingt-douze
93 quatre-vingt-treize
94 quatre-vingt-quatorze
95 quatre-vingt-quinze
96 quatre-vingt-seize
97 quatre-vingt-dix-sept
98 quatre-vingt-dix-huit
99 quatre-vingt-dix-neuf

数字が百倍面白くなる表

注意：グレイの部分は発音しない

◆ 100~1.000.000

Piste 78
- 100　cent
- 101　cent un
- 102　cent deux
- 103　cent trois
- 104　cent quatre
- 105　cent cinq
- 106　cent six
- 107　cent sept
- 108　cent huit
- 109　cent neuf

Piste 79
- 200　deux cents
- 201　deux cent un
- 300　trois cents
- 301　trois cent un
- 400　quatre cents
- 500　cinq cents
- 600　six cents
- 700　sept cents
- 800　huit cents
- 900　neuf cents

Piste 80
- 1.000　mille
- 2.000　deux mille
- 3.000　trois mille
- 4.000　quatre mille
- 5.000　cinq mille
- 6.000　six mille
- 7.000　sept mille
- 8.000　huit mille
- 9.000　neuf mille
- 1.001　mille un
- 2.530　deux mille cinq cent trente

Piste 81
- 10.000　　　　dix mille
- 100.000　　　 cent mille
- 1.000.000　　 un million
- 100.000.000　 cent millions

◆年号　**Piste 82**

1975　mille neuf cent soixante-quinze
2009　deux mille neuf

「〜年に」という表現には前置詞 en を使います．en 2009

● 豆知識 ●

　cent（百）は複数形 cents がありますが，mille（千）には複数形はありません．さて，これはもともと単語の複数形だったものが使われていることによります．
　また日本語で1百円，1千円と言わないように，百，千の単位ではわざわざ1をつけません．un をつけて言うのは，un million（100万）からです．したがって，cent euros（百ユーロ），mille euros（千ユーロ）．ところで，100万以上になると，後ろにつくユーロに de がつきます．un million d'euros（百万ユーロ），cent millions d'euros（一億ユーロ），un milliard d'euros（十億ユーロ）... C'est beaucoup！これでは単位が大きすぎますから，次にもっと現実的なお金を勘定してみましょう．

お金を数える

◆ユーロの発音

その前に，単に数を数えるだけの場合，表にある数詞の語末の子音字（s や x や t など）は発音されるものがいくつかあります．後ろに名詞をつなげるとき，それらの子音字は原則として発音されなくなります．

たとえば 6．数字で数える時，six の x は [s] とはっきり発音されます．

しかし，six livres（6冊の本）となると x は発音されなくなります．

ただ，cinq（5）と cent（100）はまぎらわしいので，cinq [k] とわざと発音する場合もありますから，あまり神経質になる必要はありません．

では，後ろに euro が来たら，どうなるのでしょう？ six euros は euro の先頭の母音とつなげて [z] と発音されるようになります．

> ● 豆知識 ●
> 本来，発音されない語末の子音字が，次にくる母音の文字とつながって，発音されるようになる現象を**リエゾン**と呼びます．フランス語では，冠詞と名詞など必ずリエゾンが起こる箇所があります．

ユーロの場合は例外なく数字とリエゾンしますので，耳を慣らしておくと便利でしょう．たとえば，2ユーロ deux euros の x はかならず [z] の音になり，ユーロとつなげて一単語のように発音します．

◆「€2, 30」はどう読むの？

ユーロより小さいお金の単位はサンチーム centime です．ユーロの 100分の1．そこで €2,30 と表記されていたら，それは「2ユーロと30サンチーム」ということになるのですが，フランス語ではそう読みません．では「2, 30ユーロ」？ 残念，それもちがいます．「2ユーロ 30」deux euros trente が正解です．

　　読み方はつねに　**数字 euro(s) 数字（二桁まで）**

サンチームと発音するのは，ユーロの単位が 0 で，€0,40 と表記されているときです．これは quarante centimes と読みます．

ところで，フランス語と日本語では数字の「,」「.」の表記が異なります．フランス語の小数点は「,」．だから，€2.30 でなく €2,30．大きい単位では反対に「.」を使いますから，1,000,000 でなく 1.000.000 または 1 000 000 と標記されます．見間違えにご注意を！

動詞完全制覇のためのアイテム

◆特製「動詞の森」の地図

Grammaire のところでふれたように，動詞はモードと時制の組み合わせによって使い分けます．組み合わせをひとつひとつ個別に覚えるだけでなく，ある程度覚えてきたら，動詞のシステムの全体像を頭に入れておくと便利です．また，フランス語の動詞の活用形は複雑でまるで無限にあるかのような印象を与えますが，こうして人称変化語尾を表にすると意外にすっきりしていることがわかります．昔からいうではありませんか．木を見て森を見ずでは道に迷うって，ね．

叙法 mode ＼ 時制 temps	単純時制（単純形）	複合時制（複合形） avoir, être ＋ 過去分詞
不定法（いわゆる英文法の不定詞に近い） **INFINITIF**	現在 -er / -ir / -ir; -oir; re （辞書の見出し語）	過去 passé avoir, être ＋ 過去分詞
直説法 **INDICATIF** （これが基本）	現在 présent -e -is -s(x) -e -es -is -s(x) -es -e -it -t(d) -e -ons -issons -ons -ons -ez -issez -ez -ez -ent -issent -ent(nt) -ent	複合過去 passé composé (avoir, être の直説法現在 ＋ 過去分詞)
	半過去 imparfait -ais -issais -ais -ais -issais -ais -ait -issait -ait -ions -issions -ions -iez -issiez -iez -aient -issaient -aient	大過去 plus-que-parfait (avoir, être の直説法半過去形 ＋ 過去分詞)
	単純過去 passé simple -ai -is -is -us -as -is -is -us -a -it -it -ut -âmes -îmes -îmes -ûmes -âtes -îtes -îtes -ûtes -èrent -irent -irent -urent	前過去 passé antérieur (avoir, être の直説法単純過去形 ＋ 過去分詞) 文語で使用 おぼえなくてよい

直説法 **INDICATIF**	単純未来 futur simple -erai -irai -rai -eras -iras -ras -era -ira -ra -erons -irons -rons -erez -irez -rez -eront -iront -ront	前未来 futur antérieur (avoir, être の直説法単純未来形 + 過去分詞)
条件法 **CONDITIONNEL**	現在 présent -erais -irais -rais -erais -irais -rais -erait -irait -rait -erions -irions -rions -eriez -iriez -riez -eraient -iraient -raient	過去 passé (avoir, être の条件法現在形 + 過去分詞)
接続法 **SUBJONCTIF** ここも現在だけ わかれば十分	現在 présent -e -isse -e -es -isses -es -e -isse -e -ions -issions -ions -iez -issiez -iez -ent -issent -ent 半過去 imparfait -asse -isse -isse -usse -asses -isses -isses -usses -ât -ît -ît -ût -assions -issions -issions -ussions -assiez -issiez -issiez -ussiez -assent -issent -issent -ussent	過去 passé (avoir, être の接続法現在形 + 過去分詞) 大過去 plus-que-parfait (avoir, être の接続法過去形 + 過去分詞)
命令法 **IMPÉRATIF**	現在 présent -e -is -s -e -ons -issons -ons -ons -ez -issez -ez -ez	

◆複合形を覚えるのがツボ

　活用表をみるとわかるように，時制は単純形と複合形の2種類に分かれます．いいかえると，2種類だけ．で，複合形の方を先にしっかり覚えてしまうのがニュアンスをつかむツボ．この avoir, être と過去分詞を組み合わせる複合形に共通するのは基本的に完了のニュアンスをもっていることです．その出来事は，いったん終わってますから，また繰り返し起こりうるとも考えられます．つぎに avoir, être がどのモードで，どの時制におかれているかを見ることで，その前後に語られていることとの関連がわかります．さあ，これでもう，表の左半分はOKですね．もう一度，表を見てみると，覚えることはそんなに残っていないでしょう？

◆語幹の近道は不定法と直説法現在の活用形

　さて，残り半分，単純形については，活用語尾が決め手になります．語尾の形にはそれほどヴァリエーションはありません．語幹は原則として不定法と直説法現在の形から導き出せます．たとえば，prendre（取る）を見てみましょう．

　不定法からは，次の語幹．

　prendre → 直説法単純未来の語幹（je **prend**rai），条件法現在の語幹（je **prend**rais）

　直説法現在からは，次の語幹が得られます．

　nous **pren**ons → 直説法半過去の語幹（je **pren**ais），現在分詞の語幹（**pren**ant）

　ils **prenn**ent → 接続法現在の語幹（que je **prenn**e）*

　*ただし prendre の場合，接続法現在の1，2人称複数には，直説法現在の nous の語幹を使います．prendre の接続法現在1，2人称の複数 que nous **pren**ions, que vous **pren**iez は，したがって直説法半過去と同じ語形になります．prendre のように直説法現在でも nous, vous の語幹が ils のそれとは異なる動詞は要チェックです．ポイントは，ここでもやはり，直説法現在の活用形です．

◆条件法のニュアンス

　モードとしての条件法には，第2章 Piste 8 の応用表現に出てくる（Je voudrais...）ような，表現を和らげる働きがあります．Je veux... と直説法で言うのでは直接的にすぎるので，言葉には表されませんが，「できたら」という条件を含ませて Je voudrais としているのです．「〜したい」という表現のときに，こうした条件法現在がよく使われます．自分の希望を示す J'aimerais... という表現も同様です．

● 豆知識 ●

　bien という副詞は，辞書では「よく」と出ています．J'ai bien dormi.（よく眠りました）すると bien は動詞の行為を強めるために使われるのかというと，そればかりではありません．vouloir といっしょに使って，Je veux bien... といえば，ニュアンスは Je veux... というよりはるかにやわらげられます．日本語で「…したいんだけど〜（どうでしょうか？）」というときの「だけど〜」に近い感覚です．あるいは，J'aime Michel というより，J'aime bien Michel といったほうが，「愛してる」の意味合いは軽くなります．「私はミシェルを愛してるの」（真剣そのもの）と「あら，あたし，ミシェルのこと好きだわよ」（友達どうしの軽いノリ）のちがいです．そこで，条件法にさらに bien をくっつけて，Je voudrais bien..., J'aimerais bien... という表現もよく使われることになります．

◆接続法虎の巻

叙法としての接続法の価値は，条件法の場合と比べて，あまり意識されることがありません．慣れるには段階をおって….

その1　定型句となっていて，日常的によく使い，つねに接続法が要求される表現をまず覚えてしまう．

　　たとえば，

　　　Il faut que...（〜する必要がある．ねばならない）

　　　avant que...（〜する前に）

　　　pour que...（〜するために）

　　　pourvu que...　　　　（〜しさえすれば）

　　　sans que...（〜しないように）

　　　bien que...（〜にもかかわらず）

その2　とんでもない語形に変化する例外的な活用を1人称の je で覚えてしまう．faire, aller などの動詞はよく使うけれど，せっかく活用表で覚えても，実際に使う場面でまごまごしてしまうことがあります．そこでお勧めは，まず毎日使う身近な表現を暗記してしまうことです．

　　Il faut que...（…する必要がある）を使って丸暗記しちゃいましょう！

　　Il faut que je fasse｜les courses.　（買い物しなくちゃ．）

　　　　　　　　　　　｜la lessive.　　（洗濯しなきゃ．）

　　Il faut que j'aille｜au travail.　　（仕事に行かなきゃ．）

　　　　　　　　　　　｜aux toilettes !（トイレ，行かなくっちゃ！）

その3 Il faut que... を使って，少しずつ，人称を変えていってみる．まず je から tu へ．

Il faut que je fasse la lessive.（洗濯しなくちゃ）から，

Il faut que tu fasses la lessive.（あなた，洗濯しないとだめよ〜），さらに

Il faut qu'il fasse la lessive（彼，洗濯しないといけないわね）と….だんだん慣れていきます．

●豆知識●

　じつはこうした表現のほかに，接続法は être や avoir などの命令法（sois, soyons, soyez, aie, ayons, ayez）としても使われています．第1章 Piste 8 のキーフレーズに出てくる（Veuillez ...）という表現は vouloir の接続法現在の形をつかった命令法です．これは「〜してくれるように」お願いしているというより，丁寧ではあるけれども，命じているのです．書類などの記入欄によく用いられている表現です．

著者

Alexandre GRAS（アレクサンドル・グラ）
　名古屋大学大学院国際言語文化研究科日本言語文化専攻（博士後期課程単位取得退学）．2008 年 10 月より岩手大学人文社会科学部准教授．専門は外国語教育，日本言語文化，比較文化．

Franck DELBARRE（フランク・デルバール）
　2010 年 4 月より大阪市立大学特任講師．また 2009 年 4 月に京都大学大学院人間・環境学研究科に入学．専門は外国人のためのフランス語教育．

一丸禎子（いちまる　ただこ）
　東京大学大学院博士課程修了．学術博士．現在，学習院大学文学部講師．専門は 17 世紀フランスの歴史と文学（マザリナード文書）と時事フランス語．余技に「赤ずきん」や「長靴を履いた猫」など，シャルル・ペローのお伽噺も少々語ります．

フランス語スピーキング

2009 年 6 月 20 日　第 1 刷発行
2013 年 8 月 20 日　第 5 刷発行

著　者 ── アレクサンドル・グラ
　　　　　フランク・デルバール
　　　　　一丸禎子
発行者 ── 前田俊秀
発行所 ── 株式会社　三修社
　　　　　〒 150-0001　東京都渋谷区神宮前 2-2-22
　　　　　TEL　03-3405-4511
　　　　　FAX　03-3405-4522
　　　　　振替　00190-9-72758
　　　　　http://www.sanshusha.co.jp
　　　　　編集担当　永尾真理
印刷製本 ── 萩原印刷株式会社
CD 製作 ── 株式会社メディアスタイリスト

©2009 Printed in Japan　ISBN978-4-384-05540-5 C1085

カバーデザイン ── 土橋公政
本文イラスト ── 九重加奈子
本文組版 ── クゥール・エ

R ＜日本複製権センター委託出版物＞
本書を無断で複写複製（コピー）することは，著作権法上での例外を除き，禁じられています．本書をコピーされる場合は，事前に日本複製権センター（JRRC）の許諾を受けてください．
JRRC ＜http://www.jrrc.or.jp　e-mail: info@jrrc.or.jp　TEL: 03-3401-2382＞